JN108689

全身パートナーストレッチ

さて、いきなりですが、ここでクイズです！
左の写真はハムストリングのストレッチを施している
様子ですが、実は、このストレッチ（＝筋肉を伸ばす
行為）を実施する前に、あることを行うのがコツです。
それはなんでしょうか？

1．脚を引っ張る

2．脚を揺さぶる・さする

3．まずは勢いよく可動域 目いっぱいまで伸ばす

4．「柔らかくなれ！」と念じる

答えは22ページに！

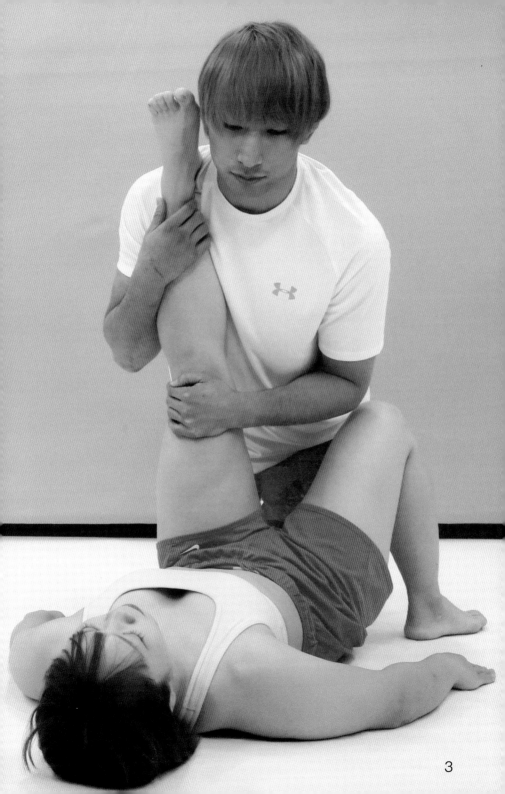

CONTENTS

第3章

パートナーストレッチの実際

CONTENTS

著 者
小岩 健一
（こいわ・けんいち　写真中央）

明治大学法学部講師。明治大学法学部卒業、ウエスタンミシガン大学運動科学部卒業。NATA（全米）公認アスレティックトレーナー。韓国プロ女子バレーボール 興国生命ピンクスパイダース元専属トレーナー。

制作スタッフ

書籍デザイン：ライトハウス
構　　　成：編集スタジオとのさまがえる
スチール撮影：馬場高志
撮影協力：スタジオあまがえる

実技モデル
渡部修斗
（わたなべ・しゅうと　写真左）

プロ格闘家。初代 Fighting NEXUS バンタム級王者。全日本選抜サンボ選手権62kg級優勝。2021年3月に行われたRIZIN.27では修斗の田丸匠と対戦し、2Rに絞め技でタップアウト勝利。同年6月13日には東京ドームで、朝倉海と対戦。TKO負けを喫するも、10月2日の「RIZIN LANDMARK Vol.1」では1R一本勝ち。復帰戦を勝利で飾った。

青野ひかる
（あおの・ひかる　写真右）

プロ格闘家。2014年、全日本社会人レスリング選手権大会48kg級優勝。2017年、全日本アマチュア修斗選手権ストロー級優勝。2021年3月に行われたDEEP JEWELSアトム級GP一回戦、同年6月20日後楽園ホールでの同トーナメント準決勝で勝利し、同日の決勝では大島沙緒里と一進一退の攻防を展開。判定で惜敗するも準優勝に輝いた。

動画のみかた

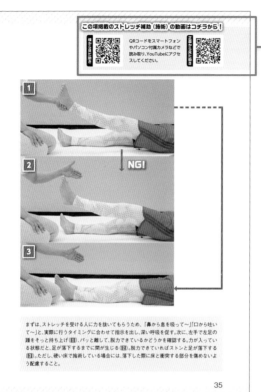

この項掲載のストレッチ補助（施術）の動画はコチラから！

QRコードをスマートフォンやパソコン付属カメラなどで読み取り、YouTubeにアクセスしてください。

[動画視聴方法]

各エクササイズの見出しの横のQRコードを、スマートフォンやタブレット型パソコン等付属のカメラで撮影することで読み取り、視聴してください。

まずは、ストレッチを受ける人に力を抜いてもらうため、「鼻から息を吸って～」「口から吐いて～」と、実際に行うタイミングに合わせて指示を出し、深い呼吸を促す。次に、左手で左足の踵をそっと持ち上げ（11）、パッと離して、脱力できているかどうかを確認する。力が入っている状態だと、足が落下するまでに間が生じる（22）。脱力できていればストンと足が落下する（33）。ただし、硬い床で施術している場合には、落下した際に床と衝突する部分を傷めないよう配慮すること。

35

[本書に関する注意]

本書で紹介した施術法・トレーニング法を実施した結果生じた事故や障害（傷害）について、著者・監修者・発行者は責任を負いません。

[動画視聴に関する注意]

動画は、インターネット上の動画投稿サイト（YouTube）にアップしたものに、QRコードを読み取ることでリンクし、視聴するシステムを採用しています。経年により、YouTubeやQRコード、インターネットのシステムが変化・終了したことにより視聴不良などが生じた場合、著者・発行者は責任を負いません。また、スマートフォン等での動画視聴時間に制限のある契約をされている方が、長時間の動画視聴をされた場合の視聴不良などに関しても、著者・発行者は責任を負いかねます。

第1章

パートナーストレッチに
関する理論

なぜ今パートナーストレッチなのか？

なぜ今パートナーストレッチなのか？　その理由から説明していきたいと思います。

アスリートがコロナ禍の自粛の影響を受けているのはもちろんのこと、テレワークやオンライン授業などでパソコンやスマートフォンの使用時間が増加している社会人や学生も、健康面で問題を抱えがちになっています。長時間同じ姿勢をとることによる筋肉の硬化や、姿勢を維持する機能の低下、猫背やスマホ首（ストレートネック）など姿勢の乱れ──。自粛期間が長引くにつれ、そういった問題が多く聞かれるようになってきました。アスリートやその関係者のみならず、家にいる時間が増えた一般の方もまた、家族・友人・恋人間でパートナーストレッチができるようになることが、このニューノーマルの世界の平和維持に、多少なりともつながるのではないかと考えられます。

日頃から小学生チームの指導をしていると、保護者から「どのように子どもをケアすればよいか教えてほしい」という声が多数寄せられます。スポーツチームに所属している子どもたちは、自分で練習の量や強度などを調整できません。練習過多によるオーバーワークが原因の障害が見受けられ、競技継続を断念する場合もあります。不調を訴えてきて初めて子どもの異変に気づく、そんな経験をしたことのある保護者もいることと思います。

もちろん小学生であっても、競技を継続していくのであれば、まずはセルフストレッチを覚えるべきだと思います。しかしながら、セルフの静的ストレッチだけでは限界があります。それに対して、パートナーストレッチは、セルフストレッチでは到達することが難しいゾーンまで筋肉を伸ばすことができる上に、比較的簡単に、誰でも習得できるケア方法です。

そんな理由から、今こそパートナーストレッチを広めるべき、と考えたわけですが、実は、私の指導するパートナーストレッチの方法は、誰かに教わったものをベースとしているのではなく、学生時代所属していた野球部の練習中に、チームメイトとストレッチをし合い、これがいいだろう、あれがいいだろう、と編み出したものを基盤としています。その方法に、アメリカに留学して NATA 公認アスレティックトレーナーの資格を習得する過程で、機能解剖学などを座学で学ぶとともに、1500 時間にも及ぶ実習期間に、多くの学生アスリートにストレッチを施し、精度を上げ、磨きをかけることで、理論的な裏づけを得ました。

私が韓国のプロ女子バレーボールの専属アスレティックトレーナーを務めた際には、慣れない環境のなかで、パートナーストレッチがコミュニケーションツールとしても非常に役立ちました。現在では、パーソナルでのトレーニング指導時の最後にクールダウンとして実施し、好評を得ています。

日本人の危機！
生活環境の変化に
ステイホームがダメ押し！

　私は子どもから高齢者まで、さまざまな年代の運動指導をしています。中高年世代の柔軟性の低下はまだ仕方ないとしても、最近は児童から小中高生、さらには大学生の柔軟性低下が著しくなっています。なぜ硬い人が増えていくのでしょうか？　それは、日本人の生活環境が変化してしまったからではないでしょうか。

　ついこの間まで、当たり前のようにしていた習慣があります。正座やあぐらの体勢から立ち上がるには、股関節や膝関節を使いますし、雑巾がけをすると四肢全体を使います。乾燥機を使わずに洗濯物を干すと、肩関節を使います。

　さらに、今では探すのが難しくなった和式トイレ。和式トイレは足関節や股関節の柔軟性がないと、便器をまたぐしゃがみ姿勢は維持できません。ひと昔前、コンビニエンスストアの前でたばこをふかしながらヤンキー座りをしている学生たちがいましたが、今はしゃがめないので、地面に座っている光景を目にします。

　柔軟性に大きな差がつくのは、主に成長過程の学生時代ですが、最近の子どもはただでさえ運動不足なのに、家にいるときはさらに筋肉や関節に全く負担のかからない生活を送ります。社会人になると、日常生活の運動量が学生時代に比べて格段に減るため、意識的に運動する人としない人とでは、そ

の差はもっと開いていきます。

　柔軟性が低下する原因は、もはや単なる加齢だけではありません。身体に備わった機能を普段から使っていないことが、その要因なのです。一般的に、関節可動域が狭くなる大きな原因は、筋肉が硬くなることです。デスクワーク中心の日常生活ではほとんど関節を動かさないため、最初に筋肉が硬くなり、続いて関節の柔軟性が失われます。パソコンやスマホの長時間利用で、肩周辺の筋肉がガチガチに硬くなったと感じたことがある人は多いと思います。さらに、コロナ禍によるステイホーム生活の長期化も、精神的ストレスが筋肉や関節を硬くする要因の1つになっていると思います。

　そこで、マッサージや整体などの施術所に通って固まった筋肉をほぐそうとしても、筋肉をほぐして軟らかくしたからといって、柔軟性が高まるわけではありません。おそらく、数日でガチガチの状態に戻るでしょう。短くなった筋肉を元の長さに戻して維持するには、継続的に柔軟性を高める作業を続けなければならないのです。

　そこでお勧めしたいのが、身近な人とパートナーストレッチに取り組むことです。特にパートナーストレッチを実施していきたい部位は、肩関節と股関節です。大人はパソコンやスマホ、子どもはタブレットやゲーム機などを使う機会が増えたことにより、猫背やスマホ首など、姿勢の乱れやすい状況にあります。

　また、腕を上げる動作、いわゆるバンザイをする動作が減って、胸郭を広

げる機会が少なくなりました。猫背姿勢などの前かがみは、呼吸が正常に機能しない姿勢でもあります。呼吸は、胸郭の内部にある肺が、酸素を取り込んだり押し出したりすることで成り立っています。肺そのものは、自ら膨らんだり縮んだりすることはできないので、周囲の筋肉が手助けをしています。肺が酸素を出し入れする動きをサポートする筋肉の代表格が横隔膜です。正しい姿勢で横隔膜が収縮・弛緩することで、胸郭は正常に機能します。悪い姿勢では胸郭が十分に広がらないので、呼吸は浅くなりがちです。

　呼吸が浅くなると酸欠のような状態になり、集中力低下、あるいはスタミナ不足や回復力低下を引き起こします。猫背によって首凝りや肩凝りを誘発し、それが慢性化すれば頭痛などの原因にもなります。また、本来使うはずの腹筋や背筋を使わなくなるので代謝が悪くなり、肥満の原因となります。

　小学生から大学生までの若年層の運動指導をしていて、気になることがあります。生活習慣の変化によって、背もたれ付きの椅子に長時間座っていることが増えたからか、立ち姿勢のまま前屈姿勢をとったときに、指が全く床につかない、骨盤後傾の子が年々増加しているのです。

　今の若い子たちは脚が長いため、一見するとスタイルがよく見えるので、指摘するまでなんのことだかが自分ではわからないようです。長時間椅子に座る姿勢を続けると、途中で疲れて背もたれに強く背中をあずけ、腰が前に突き出た姿勢をとってしまいます。背

もたれにもたれかかった座り方をする生活を長く続けていると、骨盤が後ろに傾いてしまいます。また、自粛生活での運動不足により、腰を支える下半身の筋力が低下することも、骨盤後傾を助長します。

　同じ姿勢を続けていれば、本来、伸びたり縮んだりの活動をするはずの筋肉の長さ（筋長）が変わらない状態が続き、その長さのまま硬くなって（萎縮）、伸び縮みの機能が損なわれる恐れがあります。長座の姿勢、つまり骨盤後傾姿勢を続けていると、骨盤を立てることが不得手になる可能性もあり

ますし、骨盤後傾の姿勢自体が慢性的な腰痛や股関節痛の原因にもなって、運動能力の低下につながります。

また、お尻の筋肉が萎縮していると重心が後ろに傾くので、しゃがみ姿勢をとろうとすると後ろに倒れてしまいます。お尻の柔軟性低下は自覚しづらく、こちらから指摘するまで気づかない場合が多いものです。

セルフストレッチに比べ、パートナーストレッチの効果は？

ストレッチングとは筋肉を伸ばすことです。ストレッチングの効果は、筋肉が伸びやすくなり、それによって関節が大きく動くようになることです。また、疲労により硬くこわばった筋肉を軟らかくする効果もあります。セルフストレッチと比較すると、パートナーストレッチの効果にはどのようなことがあるでしょうか？

まず、1人で行うセルフストレッチでは、しっかり意識して行ったとしても、筋肉の伸びに限界があります。パートナーにサポートしてもらうことで、より効果的に筋肉を伸ばすことが可能となるのです。そもそも長座をした際、骨盤が後傾しすぎていて、セルフストレッチが成り立たない子どもたちが増えています。

また、言葉を交わして触れ合いながら相互にストレッチを行うことで、友人同士や家族間、コーチと選手間などのコミュニケーション手段としても活用することができます。

次に、パートナーストレッチではパートナーが足や手を誘導してくれるため、身を任せておけば自然に筋肉が伸ばされ、リラックス度が保たれやすい利点があります。

セルフストレッチでは気づくことが難しい関節と筋肉の硬さの左右差を、パートナーに確認してもらうこともできます。そうなると、お互いの不調を早めに察知して、ぎっくり腰などの急なケガに対処できるようになります。

さらに、自分ではなかなか伸ばせない筋肉をパートナーにストレッチしてもらうことで、疲労回復や柔軟性向上の効果を高めることができます。
……

この書籍では、パートナーストレッチの方法を具体的に、動画（QRコード）を添付の上、紹介していきます。

ストレッチは痛いくらい伸ばしたほうがよい？

パートナーストレッチは、どのくらいの強さでやるのがよいのでしょうか？

パートナーストレッチを実施する上で最も注意すべきことは、補助者（施術者）が無理に伸ばさず、痛みのない範囲で行うことです。過度に伸ばそうとすればするほど、実施者（被施術者）の筋肉は緊張して「これ以上伸ばされないように」と、縮もう縮もうとしてしまい、効果が望めなくなります。目安としては、実施者（被施術者）が「気持ちいい」レベルを保つことがポイントとなります。

若干の痛みがあっても、それが「痛気持ちいい」レベルであれば許容範囲

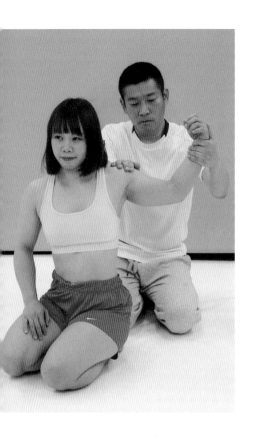

るのかを判断するためには、「今、○○筋を伸ばしています。効いていますか?」「じんじん、ビリビリするような痛みはないですか?」といったような問いかけをするとよいでしょう。

実施者(被施術者)が「痛みがある」と訴えるようであれば、強度を下げるなどの判断ができますし、会話を交わすこと自体に緊張を和らげる効果があります。そのほかにも、問いかけることで、ストレッチの強度を調整すべきさまざまな情報が得られます。

例えば、下肢についての「効いているか?」という問いに対し、「全く感覚がないです」とか「ビリビリします」とかといった回答があれば、腰椎ヘルニアが疑われます。

会話や、触ったときの感触から、四肢にケガや障害による柔軟性の左右差を感じた場合には、問題のない側からストレッチを開始して、問題のある側のストレッチの強度をどれくらいにすべきか、考察するようにしましょう。

ストレッチを行う頻度と 1回にかける時間、 どっちが大事?

パートナーストレッチはどのくらいの頻度で行うのがよいのでしょうか?

誰かと一緒に運動してパートナーストレッチをするという習慣をつけ、毎日行うのがベストであることはいうまでもありません。静的ストレッチで伸ばす時間については、5〜10秒間でよしとするものから30秒間以上とするものまで、いろいろ意見があります。権威のある団体の推奨する基準を見

といえますが、思わず声が出るほどの痛みであれば、明確に NG です。筋を痛める恐れもあるでしょう。

実施者(被施術者)が「気持ちいい」レベルの精神状態を維持するためには、実施者が呼吸を止めないことも貢献します。息を鼻からゆっくりと吸い込み、口からゆっくりと吐き出す腹式呼吸を利用しながら筋肉を伸ばすことで、より高い効果が望めます。

問いかけで得る情報で 強度調整を行おう

補助者(施術者)が施しているストレッチの強度が高すぎるのか、低すぎ

ると、ACSM（アメリカスポーツ医学会）のガイドラインでは 15 ～ 30 秒間、NSCA（全米ストレングス＆コンディショニング協会）の指導教本では 30 秒間となっています。パートナーストレッチにおいても、1 つのストレッチのフォームで静止する時間は、1 回につき 10 ～ 20 秒間が最適だと思います。

ただし、柔軟性が低い人は、無理に 20 ～ 30 秒間続けるのではなく、10 秒間ストレッチをしたらいったん緩め、少し時間をおいて 2 回目、同様に少し緩めてから 3 回目…と行ったほうが、1 回目より 2 回目、2 回目よりも 3 回目…と、少しずつ可動域が増していくと思われます。

筋力トレーニングを行った後に回復の期間を設けるように、何日かストレッチを行わない日を設けると、せっかく広がった関節可動域が元に戻る可能性があります。週に 1 度、1 時間ストレッチするよりも、毎日 5 分間でもストレッチを行ったほうが、柔軟性は向上するでしょう。

「ストレッチ強化週間」として 1 週間は徹底的にストレッチを行うけれども、その後はしばらくはやらない…といった取り組み方より、日々少しずつでよいので、2 ヵ月以上継続することを推奨します。

ストレッチは
いつ行うのがよいのか？

パートナーストレッチを行うに当たり、その効果を高める実施タイミングはいつでしょうか？

寒い環境や体温が低い寝起きの状態でストレッチをしても、筋肉は伸びにくいものです。ストレッチを行うベストなタイミングは、筋温が上がった状況ですので、スポーツ活動においては、練習開始時に軽い動作で心拍数を上げた後、本格的な練習に入る前や、ひと通りの練習を終えた後のいわゆるクールダウンの時間帯が適していると考えられます。筋温が十分に高まれば、筋肉内や筋肉を包む膜、関節包内に存在するコラーゲンも柔軟化し、筋肉を伸ばしたり関節の角度を変えたりすることが行いやすい状態となっているためです。

逆に、体温が低いときの筋肉は緊張して硬くなっているので、伸ばすには強い力が必要です。無理に伸ばせば、断裂してしまう恐れもあるのです。

パートナーストレッチのみならず、1 人で筋肉を伸ばした状態で静止して行うスタティックストレッチ、1 人で身体を動かしながら行う動的ストレッチ（≒ダイナミックストレッチ、動作の反動を生かすことを意義とするバリスティックストレッチなど）に関しては、トレーニング（スポーツの競技スキル練習などの身体活動）開始から終了後までの間において、どのタイミングにどのようなストレッチをすべきかについて、誤解されやすい点もあるので、改めて整理しておきましょう。

まず、トレーニング開始時のストレッチですが、この時点では筋温は高まっていませんから、トレーニングの最初にスタティックストレッチを入念に行うことにこだわるのは、合理的とは

考えられない面もあります。その日のトレーニングの開始時には、動的ストレッチを行うことで、ストレッチしながら心拍数を上げていくか、あるいは、筋が急激に伸びるような爆発的な動きを含まない運動（ジョグなど）を一定時間行ってからストレッチに取り組みます。いずれにせよ、筋温の上昇に伴ってストレッチを行うことが肝要と考えられます。

一方「筋肉を伸ばしすぎると、その筋肉の発揮できる能力が落ちる」という学説が浸透するようになってから、「競技スキルのトレーニング前は、スキル発揮のクオリティーが落ちないようストレッチをしないほうがいい」といった解釈もされがちになってきました。しかしながら、「筋肉を伸ばしすぎると、その筋肉の発揮できる能力が落ちる」という説の論拠となっているデータは、筋肉を1時間というような長時間伸ばし続けた場合を指し示すものです。そのため、トレーニングの途中で行うストレッチがスタティックであるにせよ、1人で行うものであるにせよ、パートナーと行うものであるにせよ、1ヵ所を続けて伸ばすのが30秒程度、まして20秒や10秒、もっといえば5秒ほど伸ばして一度緩め、また5秒伸ばす──といった断続的なやり方であるのならば、パフォーマンスを落とすような心配は無用と考えてよいでしょう。

トレーニング後のストレッチに関してはどうでしょうか？　トレーニングを終えた後にストレッチを行えば、翌日に残る疲労を軽減できるようなイメージもありますが、激しい筋活動によって蓄積した乳酸が、ストレッチによって減るようなデータは提示されていないと思います。かといって、その一面だけを見て「トレーニング後にストレッチを行うことを推奨するのは意味がない」と考えるのも、また浅薄でしょう。

そもそも、筋温が上がっている時間帯はストレッチに適しているのです。トレーニングを開始して心拍数が上昇してから、トレーニング後にある程度の時間がたって身体が冷えるまでの間は、ずっとストレッチを行うにふさわしいといえます。

また、筋のコンディションに直接的な変化を及ぼさないとしても、身体活動によって交感神経が優位になった状態から、副交感神経の働きが高まった状態に神経系統をスイッチすることで、メンタル面での緊張を解きほぐし、それが筋の緊張緩和につながる可能性もあるでしょう。トレーニング後にマッサージを受けたりするのと同様の意味合いです。

これらのことから、トータル的にトレーニング開始から終了後までの間におけるストレッチの手順を総括すると、運動開始時は動的ストレッチをメインとし、十分に身体が温まった後は、短時間のスタティックストレッチなどを適宜行い、トレーニング終了後は、心拍数を落としていきながら単独でのスタティックストレッチやパートナーストレッチを心地よく時間をかけて行う、というのがスタンダードなラインということになるでしょう。

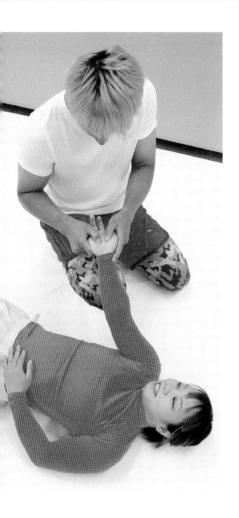

日常生活では食前・食後を避け、入浴後などにストレッチを

　さて、日常生活においてですが、ストレッチは体温が上昇する入浴後、現在のステイホーム生活のなかでは、ちょっとした家事や散歩の後に行うとよいと思います。いずれにせよ、身体が温まっていない状態でストレッチを行うと、ケガをする危険性が高まるので、身体が冷めた状態では実施しないこと

が大切です。

　ただし、食事の前後のタイミングだけは少し注意が必要です。食事の直後は体幹部を伸ばすストレッチは控えめにしましょう。腹痛などの原因になります。また、空腹時には交感神経が興奮しているので、心身共にリラックスしにくい状態です。食前・食後は30分程度空けるのがよいでしょう。

パートナーストレッチで身体の何が変わるのか？

　セルフストレッチに比べると、パートナーストレッチには、どのようなメリットがあるのでしょうか？　自律神経のバランスを整えやすくなるということは、いえると思います。

　最近は、年がら年中スマホやパソコンなどの光（ブルーライト）を浴びて、1日中交感神経の働きが優位になっている人が多いことと思います。また、コロナ禍で感染の恐怖におびえ、常に緊張した毎日を過ごしている人もいることでしょう。

　静的なセルフストレッチ自体、自律神経のうちの副交感神経を優位にさせることが、科学的にも証明されています。副交感神経の働きが優位になると、心拍は安定し、末梢や内臓の血管は拡張し、胃腸の消化・吸収作用が促されます。

　パートナーストレッチにおいては、パートナー同士がゆっくりとした呼吸を心がけることで、セルフストレッチ以上に副交感神経の働きを優位にしやすくなると考えられます。呼吸は、自律神経のコントロールに非常に重要で、

深くゆっくりと息を吐くことで横隔膜が刺激されるためです。

　パートナーストレッチは、コミュニケーションをとりながら実施することで、お互いのメンタル状態を安定させることができると思います。今の世の中においては、身近で簡単にメンタルを安定させる方法が必要です。常日頃から親子や恋人同士、チームメートと、コミュニケーションをとりながらパートナーストレッチを行うことは、ドアを開け、外に出て不特定多数の人と触れ合うことをよしとしない現状において、心身の健康を保つために適した方法の1つではないでしょうか。

　そして、身体の柔軟性が向上したら、その身体をどんどん使いましょう。身体を動かすことでストレスもより発散されると思います。

一時的に伸ばしても、時間がたてば元に戻る？

　ストレッチによって筋肉を伸ばしたところで、しばらくすれば元の状態に戻ってしまうのではないか——そんな疑問もあるかと思います。確かに、牽引治療にしても、PNF（固有受容性神経筋促通法）にしても、「一時的に伸ばしたり、神経を"ダマし"たりしたところで、しばらくすれば身体は元の状態に戻ってしまう」といった評価もあり、ストレッチに関しても、同じような論理が当てはまるように考えられがちです。

　しかし、少なくとも第2次成長以降（性徴／平均すれば小学5年生以降）、ヒトの関節可動域は少しずつ狭まって

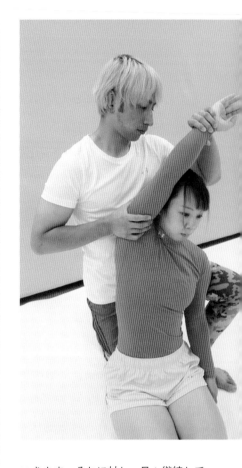

いきます。それに対し、日々継続して、若い頃に得た関節可動域いっぱいに筋をストレッチしていれば、その関節可動域が維持されることは確かです。つまり、大人になってから柔軟性を「高めていく」ことは難しいにしても、少なくとも関節可動域が狭まっていくことを「抑止」することは可能ということです。

　また、中高年ともなれば、加齢とともに関節包内の分泌物が減少し、それによって干渉し合った軟骨がすり減る現象が起こりやすくなります。しかし

ながら、これもストレッチをすること
で、関節を可動域目いっぱいに動かし
ていれば、関節包内の分泌物の減少を
抑えることもでき、結果として、軟骨
のすり減りも抑えられると考えられま
す。

　運動前にストレッチを行うことで、
よりよい動きができるようにすれば、
その“よい動き”が神経に記憶されて癖
づけられることも、ストレッチ効果の
恒久化として期待されます。さあ、ス
トレッチを始めましょう！

ベッド状の台があれば用いるが、なくても出来ることが大事。

　ストレッチやマッサージを専門に行
う施設においては、いわゆるマッサー
ジ台（ベッド）が用意されており、被
施術者は、その台の上に仰向け、うつ
伏せ、横向きに寝たり、足を投げ出し
て座ったりして、施術を受けます。

　被施術者が床やグラウンドに寝てい
る場合、施術者は、膝立ちやかがん
だ姿勢でストレッチを施さねばなら
ず、疲労度が大きかったり、場所を移
動するのに時間を要したりするのに対
し、被施術者がこの高さ50〜80セ
ンチほどの台（ベッド）上にいる場合
は、施術者が立位のままで施術を行う
ことができ、細かな移動も容易となり、
それでいて、台に乗りたいときには腰
掛けることもできます。

　また、台から、腕や脚を外に出し、
水平位以下に下げることが可能なので、
180度以上の関節角度をつくること
もできます。

　従って、専用のマッサージ台があっ

たり、あるいは、マッサージ台代わり
に用いることができる台やベッド、段
差があるような場合は、積極的に活用
すべきなのですが、一方で、フラット
なフロアでパートナーストレッチが円
滑に行えるよう、体位の取り方をマス
ターしておくことは、前提として必要
です。

　なぜなら、遠征先や試合会場など、
環境の整っていないところでもスト
レッチを行う必要は生じますし、チーム
全員がペアをつくってフィールドでス
トレッチを行うような場合に“模範”
を示せることが、理想的だからです。

　特に肩回りのストレッチなどにおい
ては、関節角度をあまり大きく取ると、
障害発生に繋がりやすい面もあるので、
加減を掴み切れていないビギナーが施
術を行う場合には、フラットな場所で
パートナーストレッチを行うくらいが
安心ともいえます。

　そういったことから、この書籍では
汎用性の高い、フラットなスペースで
のパートナーストレッチを実演解説し
ていきます。

意図がなくとも、相手に不快感を与えるケースがあることに留意。

　パートナーストレッチは、施術者と
被施術者が身体を接するものだけに、
その接触位置や触れ方によっては、被
施術者に不快感を与える場合が生じま
す。

　そういった問題が生じるのを避ける、
あるいは、そういった状況に陥ってい
ることをいち早く察するためには……

- 家族、恋人同士、付き合いの深いチームメートなど、付き合いの深い対象をパートナーとすることを優先し、コミュニケーションを取りながら実施する。
- 必要な部位以外の密着を避け、顔に息が掛からないようにする。
- 臀部、胸部、下腹部（Vライン）や、くすぐったい部分などに、なるべく接触しない。
- デリケートな部分に接触する場合や、大きく開脚するような場合は実施者（被施術者）に施術の目的を説明する。また触られたくない部位をあらかじめ聞いておく。

……といった心掛けのもと、気まずい雰囲気にならないよう実施することが肝要です。

一般社会、アスリート界問わず、LGBTのみならず多様性に配慮すべきことを考えれば、単に「男性が女性に施術する場合に気を遣う」ことだけで事足りるとは限りません。

遍く優しさを込めてストレッチを施すことで、パートナーストレッチの達人となりましょう。

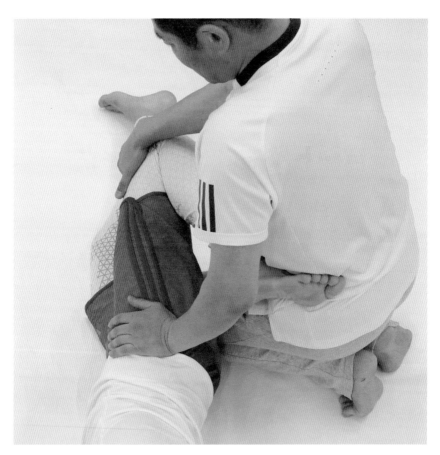

第2章

パートナーストレッチの
コツ

まず「神7」で緊張を解き放とう！

お待たせしました！ここで、冒頭のクイズの答えを。「1、2」が正解で、「3」が不正解となります。「4」は気持ちを込めるのはよいですが、緊張感が被施術者に伝わるようであれば微妙です。

パートナーストレッチは、補助者（施術者）の技量によって、その成果が大きく変わります。いったい、どうすれば効果が出て、どうすると失敗してしまうのでしょうか？　そのポイントは、「いかに被施術者をリラックスさせるか？」ということに尽きます。精神的

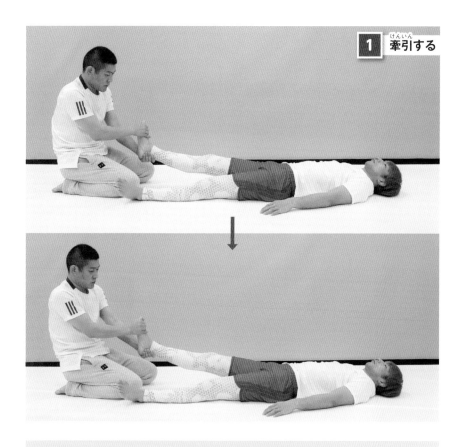

1 牽引する

関節角度を変えるのではなく、関節をなす骨と骨とを離すように、引く力を加える。詰まっていた骨と骨の間隔が伸びるような感覚を与える

にリラックスできていれば、ターゲットとする筋肉に力が入らず、伸ばすべきところまで補助者が伸展させることができますが、被施術者がリラックスできていなければ、おのずとその筋肉も萎縮し、ふさわしいストレッチがかけられないということです。

では、被施術者をリラックスさせるためには、どんな手法があるのでしょうか？以下、7つを紹介します。この「神7」と呼ばれる（呼ばれていない？）手法を行うことによって、なぜ被施術者がリラックスするのかといえば、要はこれらが「心地よさ」を与えるからでしょう。心地よさは施術者への信頼を生み、結果として、被施術者の身体を緊張から解き放ちます。第3章以降の実技においては、この7つの手法を適宜施しつつ、ストレッチを実施しましょう。

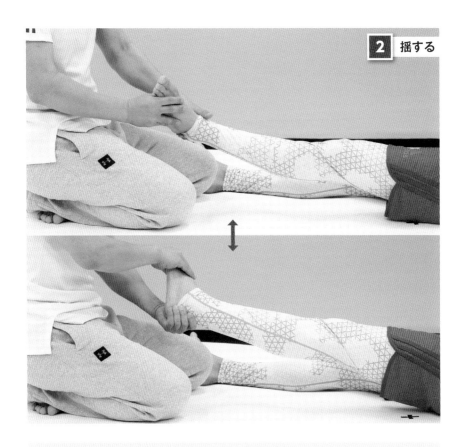

2 揺する

関節を伸展させた状態で、ストレッチする筋の付着する骨（の体幹から遠位の部分）を持ち、小刻みに動かして、ストレッチする筋を震わせ、他動的に微細な伸び縮みを生じさせる

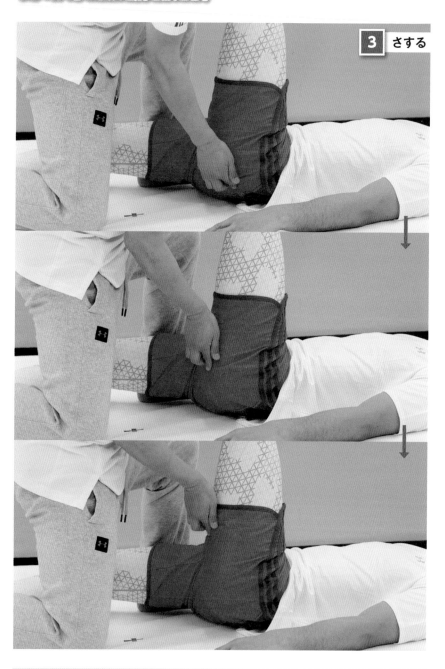

3 さする

ストレッチを施す筋、及びその周辺部位の表皮に優しく触れる

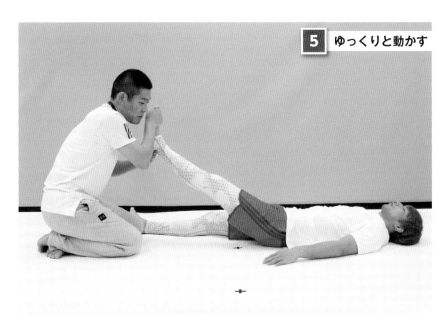

5 **ゆっくりと動かす**

いきなり可動域目いっぱいまで、勢いをつけて関節角度を変えるのではなく、静かにゆっく
りと関節角度を変えて、可動域全域の中間くらいで一度静止するなどして、相手の心身を慣
らしていく

✕ 悪い例

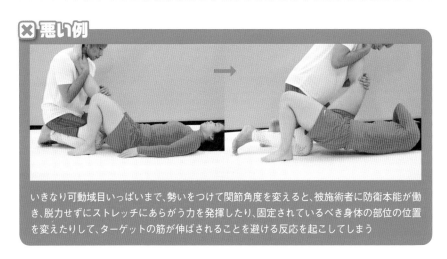

いきなり可動域目いっぱいまで、勢いをつけて関節角度を変えると、被施術者に防衛本能が働
き、脱力せずにストレッチにあらがう力を発揮したり、固定されているべき身体の部位の位置
を変えたりして、ターゲットの筋が伸ばされることを避ける反応を起こしてしまう

6 継続的に会話する

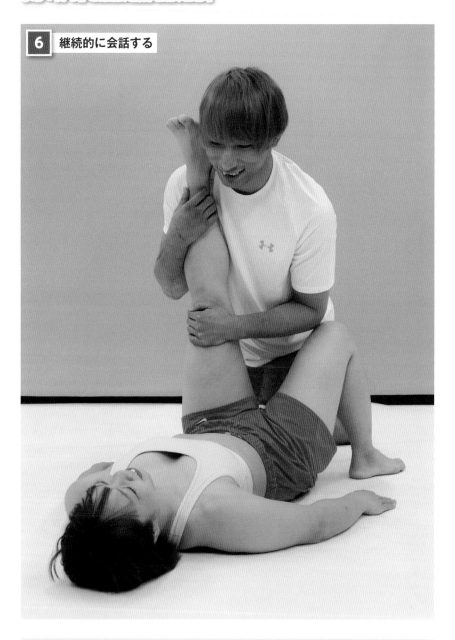

補助者（施術者）は「痛くないですか？」「大丈夫ですか？」といった言葉を継続的にかけ、被施術者から「もう少しいけます」「ちょっと痛いです」といった回答を得て、ストレッチ度をコントロールする。それにより、施術者と被施術者との間に信頼関係を築く

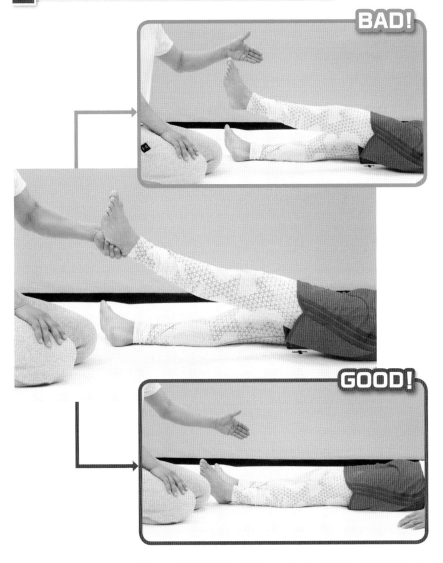

施術者は支えている被施術者の身体の部位を、予告なくサッと解放してみよう。被施術者が
脱力して身を委ねていれば、解放された部位は重力に従い落下するはずである（硬い地面の
上で施術している場合は、落とす高さに注意すること）。例えば、仰臥位（あおむけ）の被施術
者の踵（かかと）をすくい上げ、予告なくサッと手を離してみると、踵はストンとマットに落下するが、
被施術者がリラックスしていない場合には、空中に脚が維持された時間帯が生じる

新時代の「TIP 2」を駆使しよう!

前項では、被施術者をリラックスさせる「牽引する」「揺する」「さする」「深い呼吸を促す」「ゆっくりと動かす」「継続的に会話する」「脱力していることを確認する」といった方法を紹介しました。それらは、ストレッチを行うにふさわしい状態をつくるための Tip（コツ）であったわけですが、ここではストレッチ自体のコツについて、2つ挙げましょう。

1. 少しずつ関節角度を変える

ストレッチをかけた状態で、関節角度を少しずつ変えていくことにより、ある筋のストレッチ度が高まる分、ある筋のストレッチ度は低くなるなど、アプローチする部位が移り変わります。この緩やかな移行は被施術者に心地よさを与え、筋のリラックス度を保つので、さまざまな筋をさまざまな方向へ伸ばすことにつながります。

従来のパートナーストレッチにおいては、1つ1つのストレッチが独立して存在し、それぞれ筋を伸ばし切った体勢で固定するものであることが主流でした。しかしながら、この書籍で紹介するパートナーストレッチにおいては、施術者が自らの身体のどこを使って、被施術者の身体のどこを押さえるか、その移行に関して、よりスムーズな流れとなるよう合理性を追求しています。

2. 2点を遠ざけて「第3の手」で押す。体幹を支点にする

筋の付着部の一方を固定し、もう一方を遠ざけていくことがストレッチの原理となります。

多くの筋は、腱によって2つ以上の骨に付着しています。この付着部の2つの端のことを、「起始」「停止」と呼びます。基本的に身体の中心に近く、末端部に固定されている動きの少ないほうが起始、動きの多いほうが停止です。筋肉が収縮すると起始と停止が近づき、付着している骨同士が関節を軸に回転して関節運動が起こります。逆に弛緩、伸展すれば起始と停止が遠のいて関節は伸ばされます。つまり、筋力トレーニングは筋肉の起始と停止を近づける運動、ストレッチはできる限り遠ざける運動なのです。

起始と停止を遠ざける方法としては、どちらか一方の部位を片手で押さえて固定し、もう一方の部位を片手で押す（あるいは引く）ことが原則となります（写真1）。そして、さらなるコツとして、施術者自身の身体の一部を固定の土台として使うことが挙げられます。

施術者の胸を実施者の背中や足に押し当てる、腰に実施者の足の裏をあてがう…といった「第3の手」を使う方法（写真2〜4）で、左右の手のみを使ってストレッチをかけるよりも体力の消費が少なくなり、容易に強いストレッチをかけることができます。また、

端と端の２点を固定して中間部を押したり引いたりすることで、よりストレッチ度を高めることも可能となります。

写真1　起始と停止を遠ざける方法

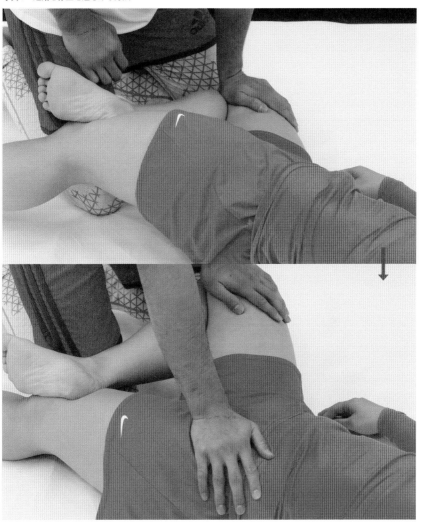

　２点を遠ざけるため、筋の付着部を固定し（上写真）、逆側を押す（引っ張る、遠ざける/下写真）。身体の動きは小さなものとなるかもしれないが、代償動作を伴って大きな動きをするよりも、しっかりとターゲットとする筋が伸びる。

体幹のどの部分を「第3の手」として用いるか？　熟知すればストレッチ・マスターと呼ばれるのも間近!?

写真2　「第3の手」を使う方法

写真3 「第3の手」を使う方法

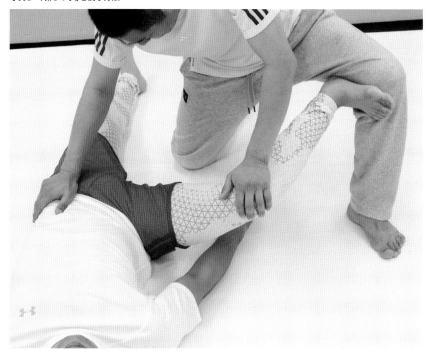

写真4 「第3の手」を使う方法

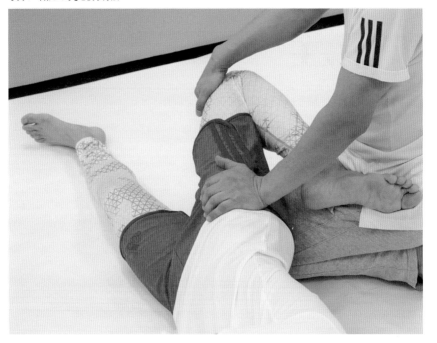

第3章

パートナーストレッチの
実際

ハムストリングのストレッチ

ハムストリングとは太ももの後ろ側の筋肉である、大腿二頭筋（長頭・短頭）、半膜様筋、半腱様筋などの総称（図参照）。複数形の意味合いで、ハムストリングスと呼称されることもある。

図Aは「ハムストリング」と呼ばれる筋をまとめて描いたもので、人体を後方から見たアングルで描いている（つまり、イラストは右脚）。これだと、それぞれの筋の起始・停止がわかりづらいので、各筋を個別に描いたものが、図B・Cとなる。この図を見ればわかる通り、ハムストリングと呼ばれる筋の多くの部分が骨盤を起始とし、大腿骨をまたいで脛骨を停止としており（2関節筋）、一部は大腿骨を起始、脛骨を停止としている（単関節筋）。このため、膝関節を伸展させればストレッチされる部分と、膝関節を伸展させ、かつ股関節を屈曲させることによってストレッチされる部分とがあることを意識したい。

ハムストリングは、股関節の伸展や膝関節の屈曲に大きく関与する。特に股関節の伸展は、走動作やジャンプ動作など、地面（床、マットなど）を足で蹴る動作の要となる筋活動であり、重力下において2本の脚で立ち、移動するあらゆるスポーツ競技で、ハムストリングの働きが極めて重要となる。その分、ハムストリングは肉離れなどの障害を抱えやすいところでもあるため、コンディションを整えることは、極めて重要な課題といえる。

なお、本書内容を「コーチングクリニック」誌で連載しはじめた当初『体幹パートナーストレッチ』と、"体幹"を強調したネーミングとなっているにもかかわらず、最初に解説するのが太ももの筋肉なのはなぜ？」と思った人もいるかもしれない。その理由は、股関節や肩関節の動きに関与する筋の多くは、その起始が体幹部分にあり、股関節や肩関節をまたいで、四肢に停止していることにある。股関節や肩関節、頸椎の動きを体幹動作の一部と見なすことを前提とすれば、その動きに関与する上腕や大腿部に位置する筋肉に施すものもまた、「体幹のストレッチ」に該当するのだ。

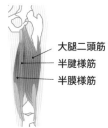

図A　ハムストリング

図B　大腿二頭筋

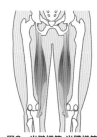

図C　半腱様筋・半膜様筋

（図A内のラベル）
大腿二頭筋
半腱様筋
半膜様筋

この項掲載のストレッチ補助（施術）の動画はコチラから！

横から見た動き

QRコードをスマートフォン
やパソコン付属カメラなどで
読み取り、YouTubeにアクセ
スしてください。

正面から見た動き

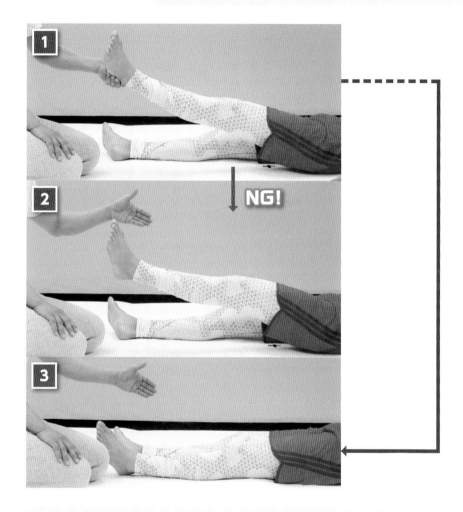

まずは、ストレッチを受ける人に力を抜いてもらうため、「鼻から息を吸って〜」「口から吐い
て〜」と、実際に行うタイミングに合わせて指示を出し、深い呼吸を促す。次に、左手で左足の
踵をそっと持ち上げ（**1**）、パッと離して、脱力できているかどうかを確認する。力が入ってい
る状態だと、足が落下するまでに間が生じる（**2**）。脱力できていればストンと足が落下する
（**3**）。ただし、硬い床で施術している場合には、落下した際に床と衝突する部分を傷めないよ
う配慮すること。

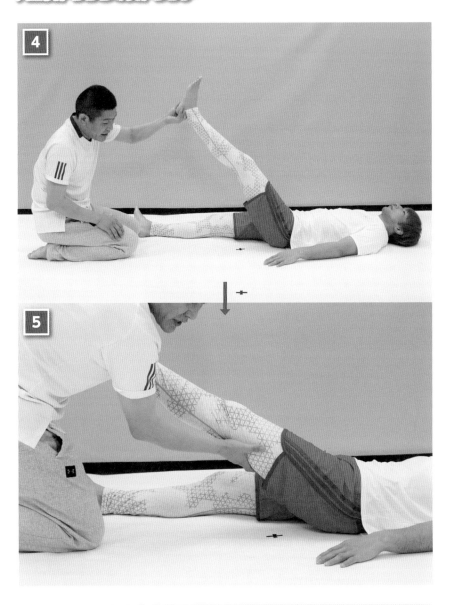

続いて、脚をゆっくりと浅い角度に持ち上げ（**4**）、ストレッチのターゲットとなる部分（今回は太もも後面）をさすって（**5**）、こわばりを解く。施術する側が肩に力が入ってこわばっていると、おのずと施術を受ける側も力が入ってしまうため、声の掛け方や、さすり方は、余裕をもった、ゆっくりとしたものとしよう。選手間で行う場合や、男性が施術する場合は、特に勢いよく力んで行いがちなので、気を付けること。

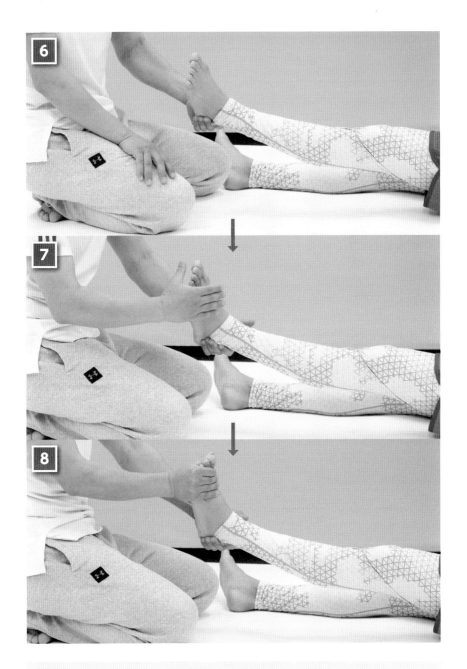

さらにリラックス度を高めるため、牽引する。左手で踵（6）を、右手で足の甲を包むように持ち（7）、ぶら下がるように手前に10秒間引っ張る（8）。

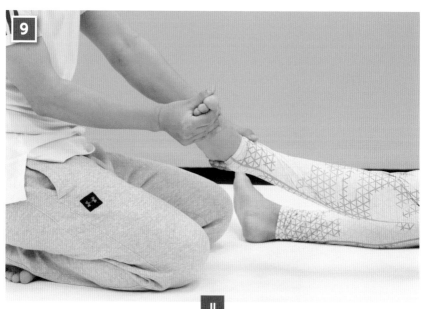

次に指先を外側に開き、10秒間引っ張る（**9**＝**9'**）。さらに指先を内側へ向けて、10秒間引っ張る（**10**＝**10'**）。これらの作業により、リラックス度を高めるとともに、股関節のこわばり（骨盤と大腿骨のジョイント部との癒着）を緩める。

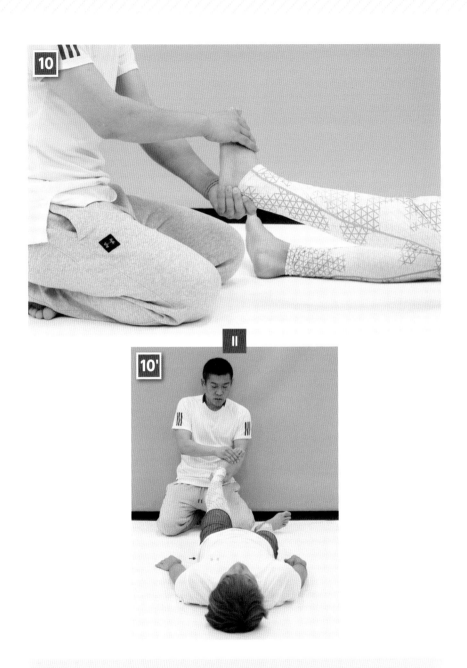

牽引することで恒久的に脚の長さが伸びるような矯正効果があるわけではないが、これから
ストレッチを行う際に、一時的な関節の動きの円滑度を高める効果が期待できる。

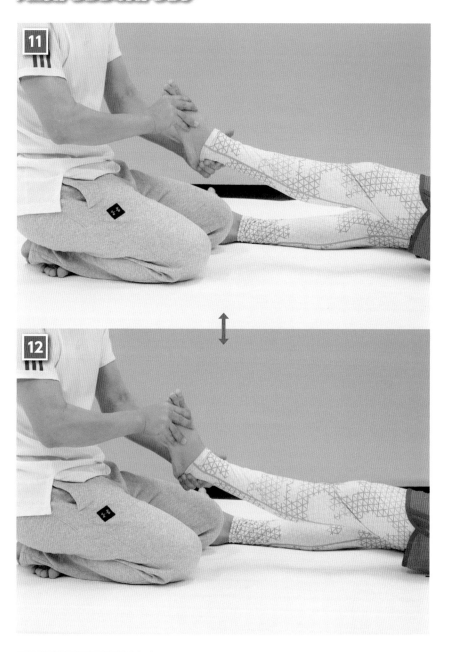

ハムストリングのストレッチ

さらにリラックス度を高めるため、足を10秒間揺する（**11 12**）。次に指先を外側に開き、10秒間揺する（**13**）。そして指先を内側へ向け、10秒間揺する（**14**）。

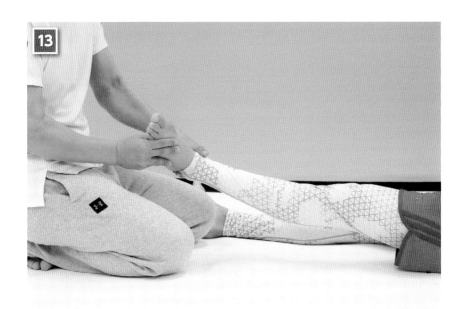

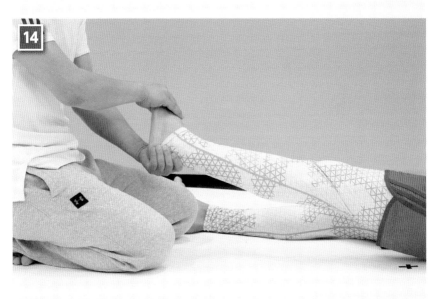

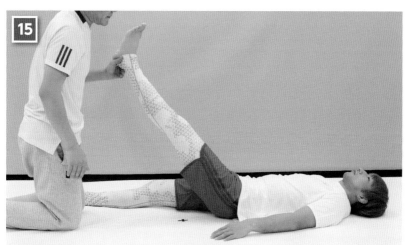

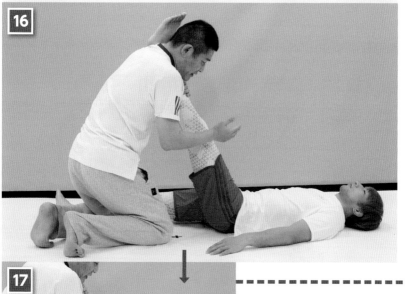

ストレッチに入る。ゆっくりと脚を上げていき（15）、床と脚のなす角度を45度まで上げたところで、左肩の上に踵が出るように乗せて、左手はすねに、右手は太ももの上から内側にかけ（16）、一旦静止してストレッチをかける。そして両腕を手前に引く（17）。

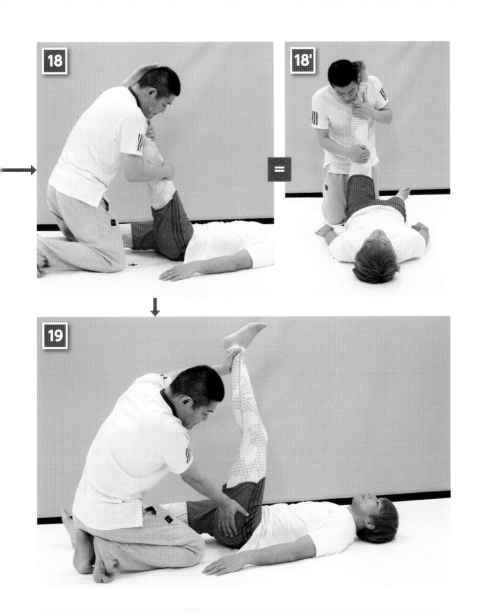

ここまでの施術を右脚、左脚に施すなかで、左右の筋の柔軟性の違いなどを把握することを心がける。その後、「痛みはないですか？」と聞き、「大丈夫です」という趣旨の返答があれば、ゆっくりと90度くらいまで（女性の場合はやや多めに）脚を上げていき、肩で脚を押しながら、両腕で脚を引きつけて、静止する（18＝18'）。さらに「痛みはないですか？」と聞いて「大丈夫です」という旨の返答があれば、アキレス腱の辺りを左手で持ち、臀部が浮かないように右手で押さえ、さらに床と脚のなす角度を広げていく（19）。

続いて、左足を相手の右脚の外側に出し、相手の脚を倒す方向を相手の右体側側に変えていくと、伸びるゾーンに変化が生まれる（左脚を相手の右体側側に少しずつ倒していくと、大腿二頭筋のストレッチ度が増し、床に平行になるくらい倒していくと、大臀筋を主として臀筋群のストレッチ度が増す）。10秒間ずつ、半円を描くように角度を変えながらストレッチを継続する（⑳＝⑳'〜㉑）。㉒は右脚に施したところ。

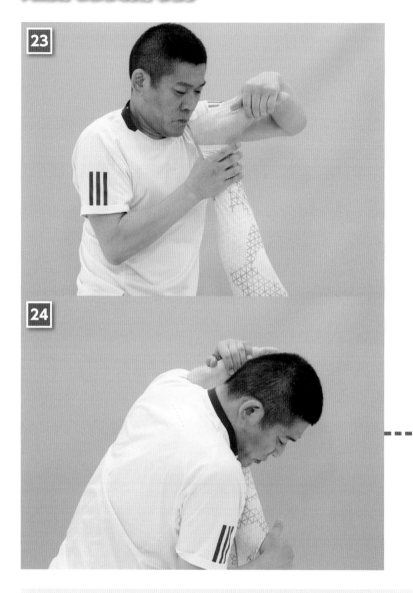

さらに、左手を足の指寄りの足の裏に移動し（23）、下方に押さえつけて（24）、足関節を背屈させ（足首を足の甲側に曲げ）、臀部の裏側を走行する坐骨神経を20秒間ほど伸ばす（25）と、坐骨神経痛や腰痛の改善が期待できる。これも指先の向きを内向き、外向きと角度を少し変えて行うと、効果がより高まる。改めて注意しておくが、過度に伸ばしてしまって、神経や筋を損傷することがないよう、ストレッチの角度はゆっくりと増していくこと。特に、男性が施術者で女性が被施術者の場合は、配慮を怠らないように。

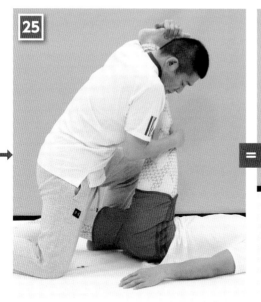
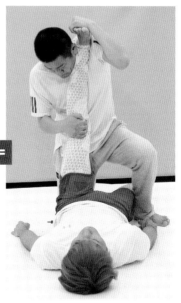

VARIATION

NG!

被施術者は、ストレッチのターゲットでない側の脚の膝を曲げてもよい（26）。曲げることで足裏が地面に着き、体幹が左右に傾いたりしないように支えることができる。ただし、被施術者が足裏で地面を蹴って腰を浮かす代償動作により、股関節の屈曲角度を大きくしがち（27）。このような兆候が見られたら、施術者はストレッチ角度を小さくすること（臀部がフロアから多少離れること自体は問題ない）。

※身体の右側・左側へ、片側ずつストレッチをかける施術に関して、写真解説では、見えやすいアングルのほうのみ掲載しているが、実際には、1つのストレッチを左右交互に行ってから、次のストレッチに進んでいく。その流れは、QRコードで動画を視聴し、確認を。

大臀筋・中臀筋・小臀筋・梨状筋・内転筋群のストレッチ

大臀筋（図A）は、人体のなかで特に強い力を発揮する、股関節を動かす筋肉です。歩行時や、座っている状態から起立するときに、股関節を伸展させる役割があります。ランニング、スキップ、ジャンプなどでよく働く筋肉です。

それに対し、中臀筋（図B）、小臀筋（図C）は股関節外転筋で、片脚立ちや歩行時に骨盤を安定させる機能があります。また、ランニング中には、股関節をきちんと外転位に保つために働きます。

一方、梨状筋（図D）は、股関節を外旋させる筋肉で、股関節の安定性に関与します。身体の向きを変える際の軸脚の動きに貢献します。

内転筋群（図E）は股関節外転筋群と共働し、骨盤の安定性を保ちます。また、骨盤の横の安定に大きく関与し、この筋肉群がうまく動かないと骨盤の横ブレが起こります。

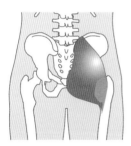

図A　大臀筋

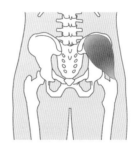

図B　中臀筋

※図A〜Dは人体を後面から、図Eは人体を前面から見たもの

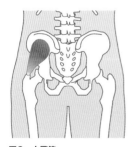

図C　小臀筋

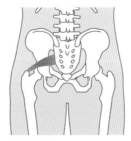

図D　梨状筋

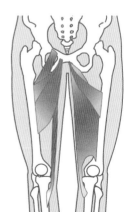

図E　内転筋群

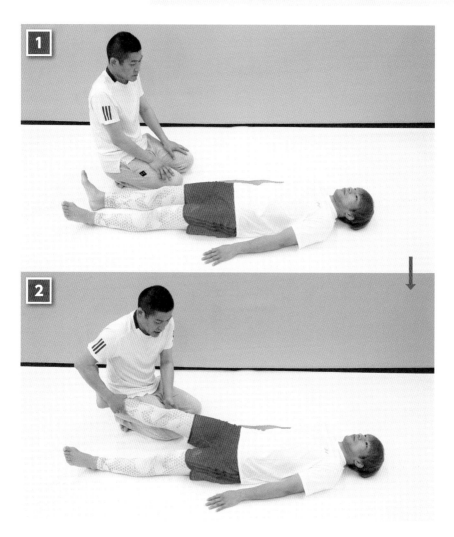

右脚に行う場合、被施術者の右体側側に両膝をつき（**1**）、右手で被施術者の右足の踵をすくい（**2**）、膝を曲げて左手で膝の上側を持ち（**3**）、両手を動かして膝頭が円を描くように回す（**4**＝**4'**⇔**5**＝**5'**）。股関節のこわばり（動かすと引っかかるような感覚）が解消される。ゆっくりと外回しを3回行ったら、内回しを3回行う。

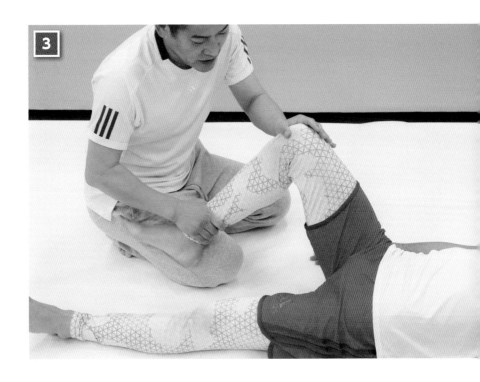

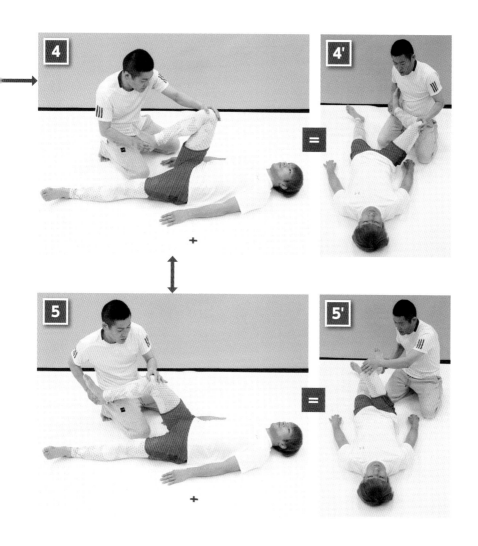

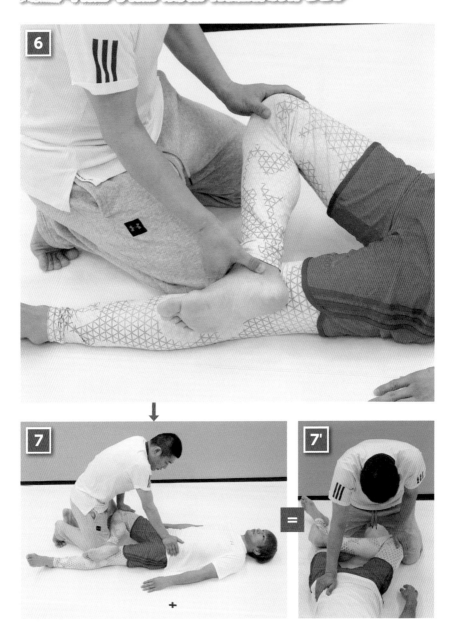

次に、右膝を外側に開き、踵を反対側の太ももにのせる（**6**）。左手は右膝の内側を、右手は相手の骨盤の左端を押し（**7**＝**7'**）、20秒間ストレッチをかける。主に内転筋群がターゲットとなる。

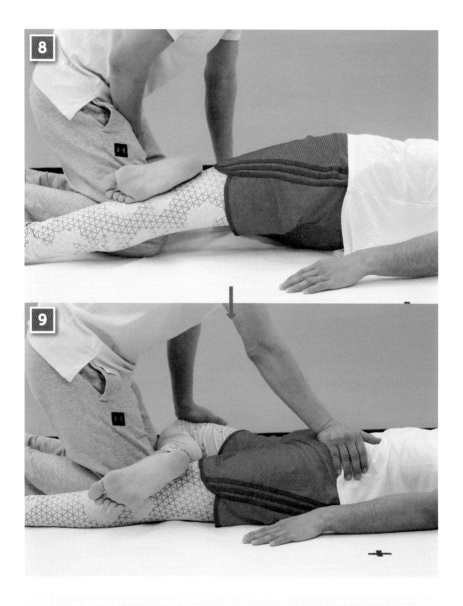

右手で押さえないと骨盤が浮いてしまう（**8**）ので、右手で代償動作（**8**の場合、骨盤の左側を浮かせることによって右膝の下げ幅を大きく取ること）を封じるのがポイント（**9**）。ストレッチとは筋を伸ばすことであり、筋を伸ばすためには筋の端と端、つまり筋が骨に付着する2点を遠ざけることが必要。そのため、筋の骨への付着部の一方を固定し、逆側を引っ張り、遠ざけることが肝要となる。代償動作を伴って大きな動作域を得るよりも、集中してターゲットとする筋を伸ばすよう心がけたい。

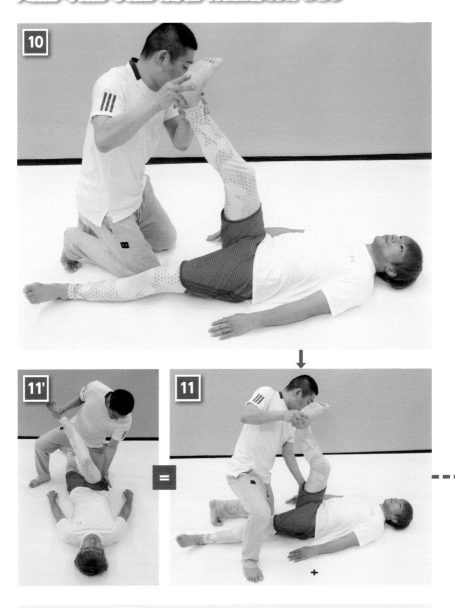

続いて、脚を伸ばし気味にしつつ(**10**)、踵を押し込んで膝を少し曲げたままにして、角度や方向を変えていく(**11**=**11'**)。ハムストリングのストレッチでは膝を伸ばしたが、臀部のストレッチの場合には、(右臀部の場合)左手は臀部にかけ、右手は踵を持ち、少しずつ右手を下方へ押し込んで膝関節の角度を屈曲させていくことにより、股関節を屈曲させる。このポジションでは、主に大臀筋がターゲットとなる。

脚を倒す方向を内側へ変えていく（12＝12'）と、より中臀筋が伸びるようになる。

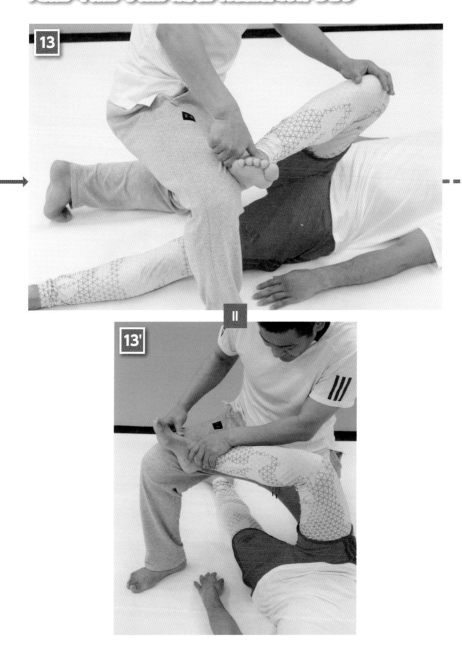

相手の右足の裏を自分の右太ももの内側、膝近くにかけて（**13**＝**13'**）、右手を相手の膝外側に移動したら（**14**＝**14'**）……58ページへ続く。

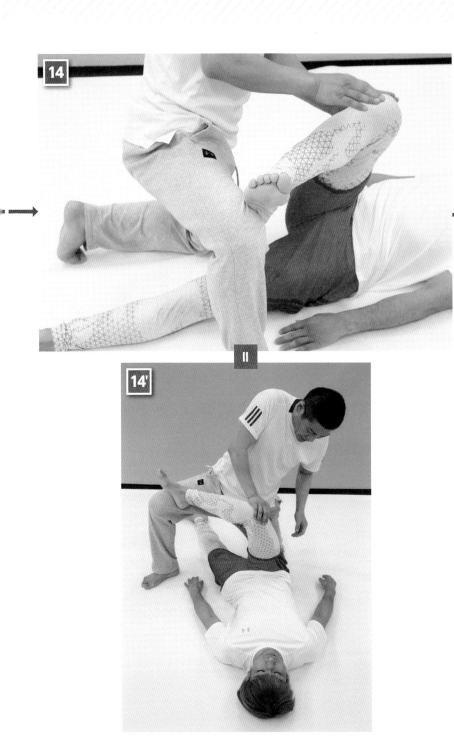

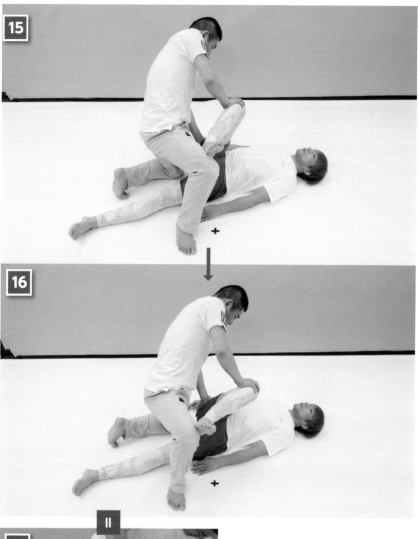

左手は臀部にかけ、体重を相手の頭部方向へかけて、少しずつ膝の位置を変える（15→16＝16'）ことによって、中臀筋～小臀筋へとストレッチする場所を変化させていく。

続いて、右足の裏を左膝の外側の床につけ（**17**）、左手で相手の右骨盤を押さえ、右手で相手の右膝を外側から押し込み（**18**＝**18'**）、20秒間、主に梨状筋をターゲットとしたストレッチを施す。このストレッチの際にも骨盤の動きを押さえないと、やはり代償動作を起こしやすい（**19**）。**18**のように左手でしっかりと骨盤の動きを制すること。

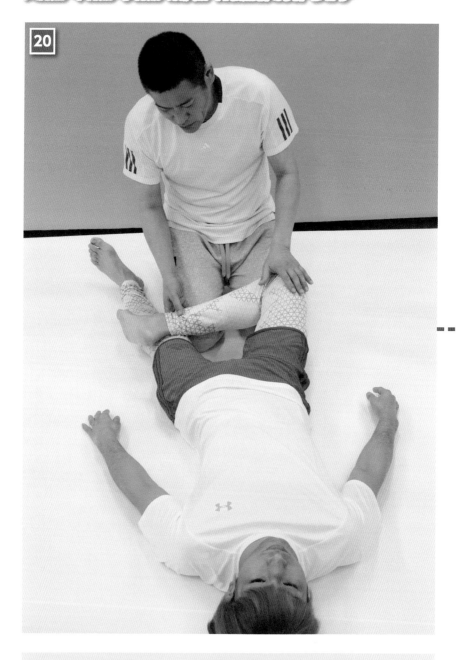

次に、被施術者の右足首を左膝の上にのせたまま(20)、左足裏を施術者の右胸につけ(21)、
施術者は前方へ左脚を押し込むことで、被施術者の左膝を曲げていく(22)。

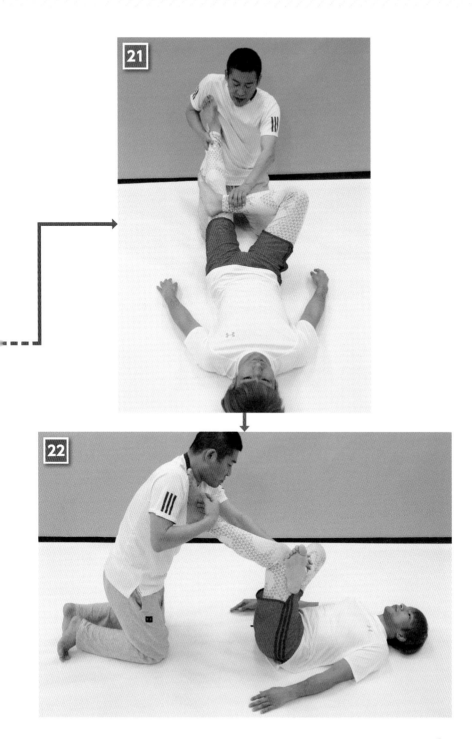

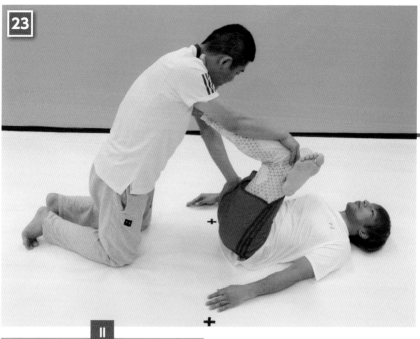

右手は膝の上を、左手で相手の骨盤右端を押さえ、体重をかけていく（23＝23'）。「大丈夫ですか」「大丈夫です」といったコミュニケーションをとるなかで、息を止めず鼻から息を吸い、口から吐くように指示することを忘れず、20秒間をめどに行う。このポジションでは、臀筋群から梨状筋まで広範囲にストレッチをかけられる。

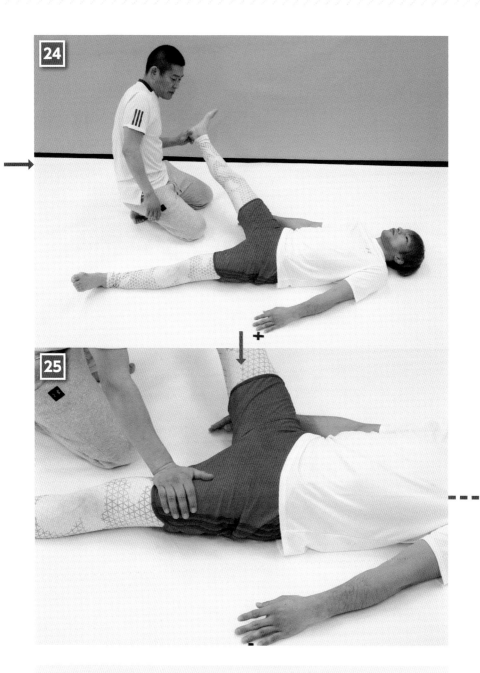

次に、左手で右足の踵を包み（24）、左脚の膝上〜骨盤左端を右手で押さえ（25）、右膝を伸ばしたまま股関節角度を少しずつ外へ開いていく。

10秒間ほど静止（26＝26'）した後、揺するように小刻みに動かす。このポジションでは、大腿部内側（内転筋群）のストレッチ度が高まる。

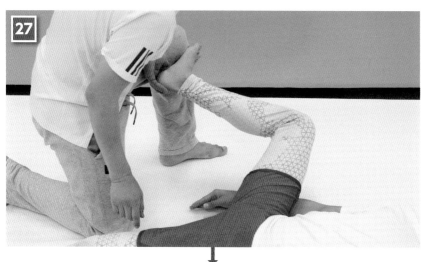

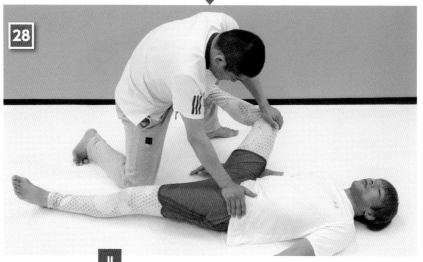

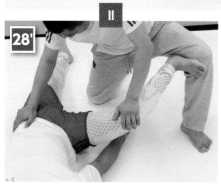

次に、被施術者の右膝を曲げて、右足
裏を施術者の左膝内側に当て（27）、
右手は骨盤左端を押さえて、左手で
相手の膝の内側を重力方向に押し込
む（28＝28'）。少しずつ股関節の角度
を変えることでストレッチの刺激を
高め、最も開いた位置で20秒間ほど
静止した後、小刻みに角度を変え、さ
らに内転筋群をストレッチする。

大腿四頭筋・腸腰筋のストレッチ

　大腿四頭筋（図A）は大腿直筋・内側広筋・外側広筋・中間広筋の4つの筋肉の総称で、膝関節を伸ばしたり、股関節を屈曲させたりします。大腿部前面にあるとても大きな筋肉で、ほとんどすべてのスポーツに大きく貢献しているといえます。

　腸腰筋（図B）は股関節屈筋の1つで、腸骨筋と大腰筋、そして小腰筋の3つの筋肉の総称です。上半身と下半身とをつなぐ唯一の筋肉で、腰をS字状にキープしたり、太ももや膝をもち上げる動きをしたりします。

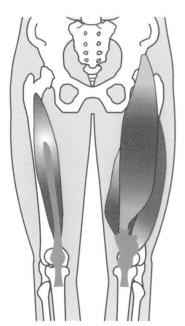

図A　大腿四頭筋

※いずれも人体を前面から見たもの

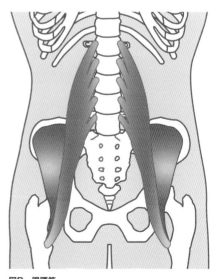

図B　腸腰筋

QRコードをスマートフォン
やパソコン付属カメラなどで
読み取り、YouTubeにアクセ
スしてください。

横から見た動き

正面から見た動き

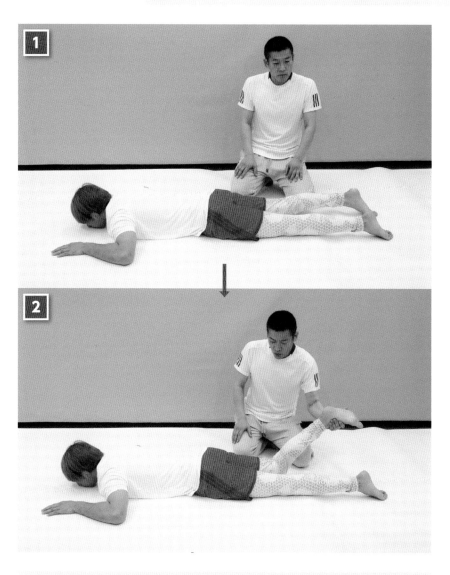

大腿四頭筋のストレッチ。被施術者の横に正座し（**1**）、左手で右足首を持って（**2**）、踵をお尻
に近づける。

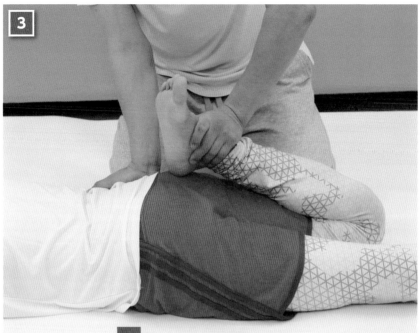

3

II

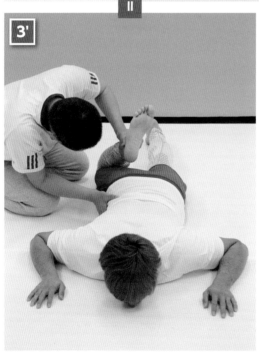

3'

骨盤が浮いてこないように、右手で骨盤右端を押さえる（**3**＝**3'**）。ストレッチの目安は20秒間。さらに、右手で骨盤右端を押さえたまま、左手で相手の右膝をすくい上げる（**4**＝**4'**）。大腿四頭筋から腸腰筋へと、ストレッチする部位が移行する。「大丈夫ですか？」「大丈夫です」といった会話を交わして、ストレスをかけすぎないこと。片方ずつ両脚にストレッチを施したら、両足の甲を両手で持って押し込み、足関節を底屈させた状態で20秒間静止（**5**）。大腿四頭筋のストレッチであるとともに、副次的に前脛骨筋のストレッチにもなる。

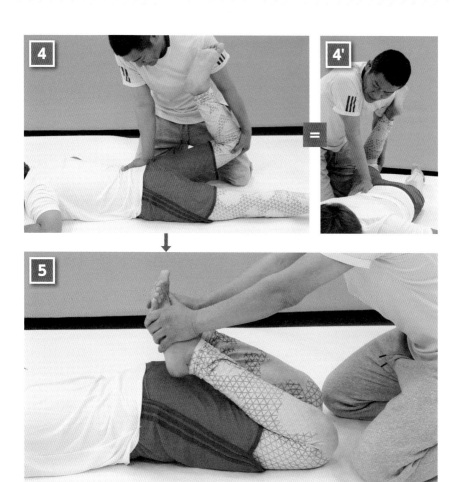

❌ 悪い例

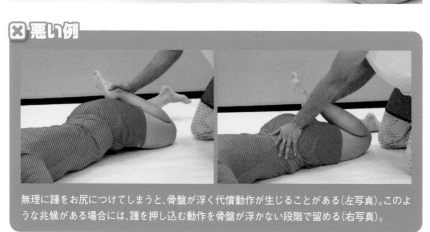

無理に踵をお尻につけてしまうと、骨盤が浮く代償動作が生じることがある（左写真）。このような兆候がある場合には、踵を押し込む動作を骨盤が浮かない段階で留める（右写真）。

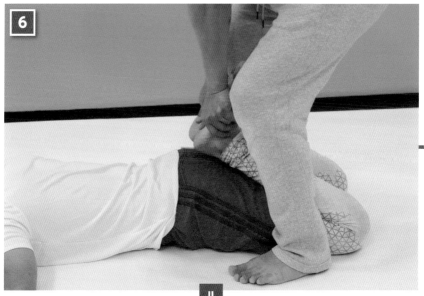

=

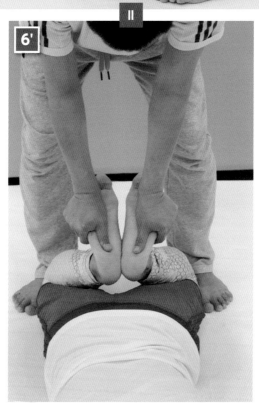

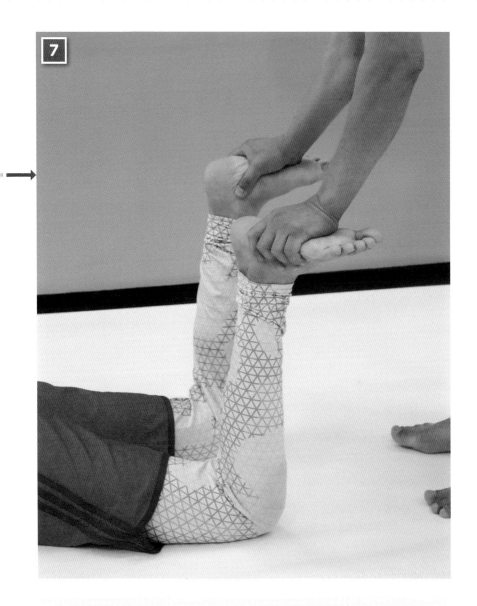

続いて、足関節を背屈させた（足首を足の甲側に曲げた）状態で20秒間静止（**6**＝**6'**）。足関節底屈→背屈の変化により、大腿四頭筋のストレッチであるとともに、副次的に腓腹筋のストレッチにもなる。

土踏まずに手のひらを当て、足を包むように持ち、膝関節の屈曲を緩めて手を小刻みに震わせる（**7**）。ふくらはぎが揺すられ、被施術者は心地よさを感じる。心地よさを感じることによって緊張が解け、筋肉が伸びやすい状態となる。

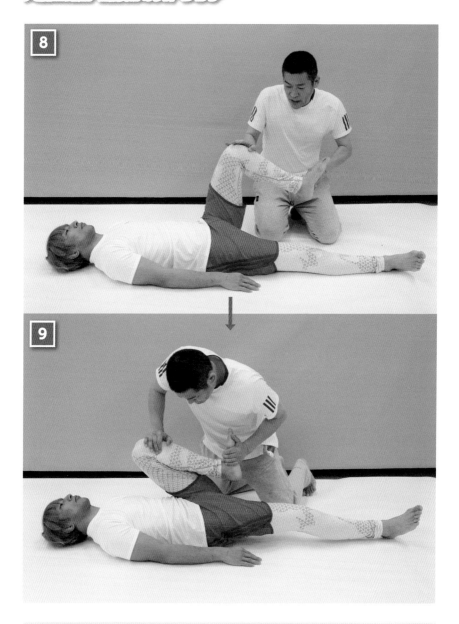

その後、被施術者は仰臥位（あおむけ）となり、施術者は右手を左膝の上に置き、左手で左足の裏を持って（**8**）、膝をおなかのほうへ押し込んで腸腰筋にストレッチをかける（**9**）。片側の脚を伸ばし片側の膝を腹につけるように抱える体勢は、臀部やハムストリングの柔軟性を高めることにつながるが、股関節に付着する腸腰筋のストレッチとしても効果がある。

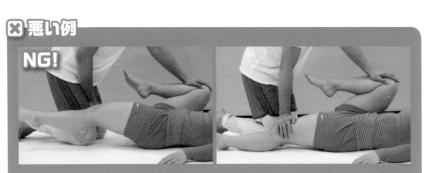

この際、代償動作として骨盤の後傾が生じるケースがある(左写真)。ストレッチをかけていない側の足先が床から浮く兆候が見られた場合は、その脚を押さえ、骨盤の位置をニュートラルに保とう(右写真)。

VARIATION

脛をまたいで自分の体重をかけると、力の弱い女性でも、重力の助けを借りて強いストレッチをかけることができる。

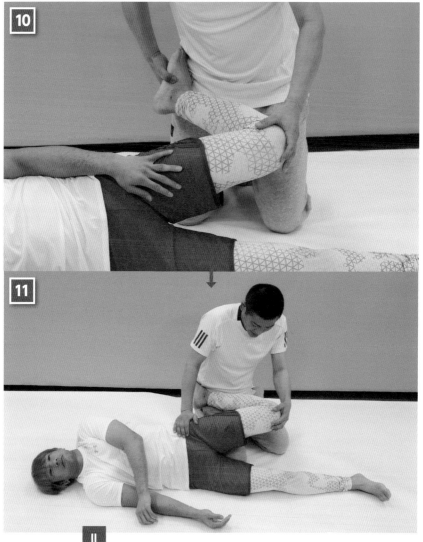

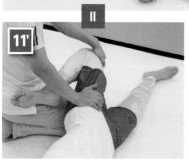

続いて、再び大腿四頭筋のストレッチ。被施術者に横臥位（横向き）になってもらい、施術者は骨盤に被施術者の左足の甲～脛を引っかけて（**10**）、骨盤を押し込み、踵とお尻を近づけて膝の角度を鋭角にしていく（**11**＝**11'**）。手で押すよりも力を込めやすいので、無理に踵とお尻をつけず、痛みのない範囲で行うこと。

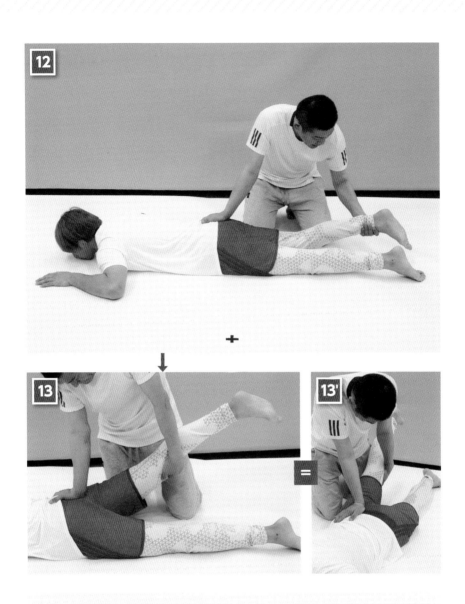

最後に、被施術者に背臥位（うつぶせ）になってもらい、施術者は右手で腰を押さえて左手で足首をすくい上げる（**12**）。被施術者の顔が下向きとなり、呼吸がしづらい状態となるので、特に深い呼吸を心がけるように声を掛けつつ、骨盤が浮かないように下方へ押し込む。左手を足首から膝下へと持ち替えて上方へ引き上げ、腸腰筋にストレッチをかける（**13**＝**13'**）。

肩関節周囲のストレッチ

一口に肩関節といっても、解剖学的に見れば、上腕骨と肩甲骨関節窩がなす肩甲上腕関節のほかに、肩甲骨と鎖骨のなす肩鎖関節、胸骨と鎖骨のなす胸鎖関節の3つがあります。さらに機能的に見れば、上腕骨と肩峰の間、肩甲骨前面と肋骨との間の滑動部も、関節と見なされます。これらの複合的な動きには、三角筋、僧帽筋（上部・中部・下部）、大胸筋、上腕二頭筋といった大きな筋肉から、肩甲骨周囲の棘上筋、棘下筋、肩甲下筋そして小円筋の腱によってつくられるローテ

ーターカフ（回旋筋腱板）という肩関節のインナーマッスルといわれる組織まで、実に多くの筋が関与します（図A、B参照）。

現代の社会生活において、パソコンや携帯電話の長時間の使用は避けられない面もあり、結果として多くの人が慢性的に猫背で、上腕骨が前方に出た姿勢（写真A）に陥っています。肩関節周囲のストレッチを行うことによって、身体が正しい姿勢（写真B）を維持する方向に向かうことが期待できます。

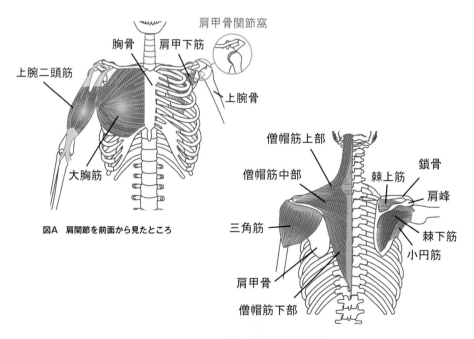

図A　肩関節を前面から見たところ

図B　肩関節を後面から見たところ

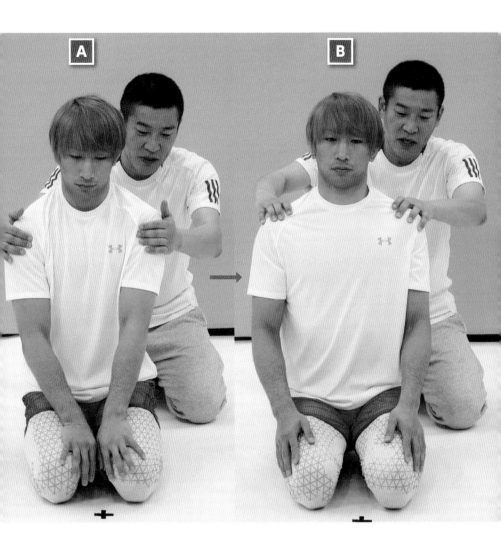

肩関節周囲のストレッチ

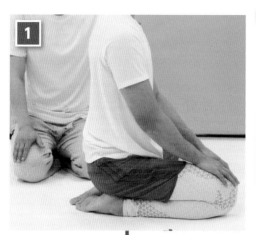

 悪い例

長座の状態だと骨盤が後傾し、背中が丸まりやすく、腰痛を起こす要因となる。

1被施術者（ストレッチする人）は、正座をした状態（膝の障害などにより正座することが難しい人は、椅子に深く腰かけた状態）をつくる（**2**＝**2'**）。施術者（ストレッチをかける人）は両手で手首を持って、バンザイをさせるように、上方へ腕を引き上げる。

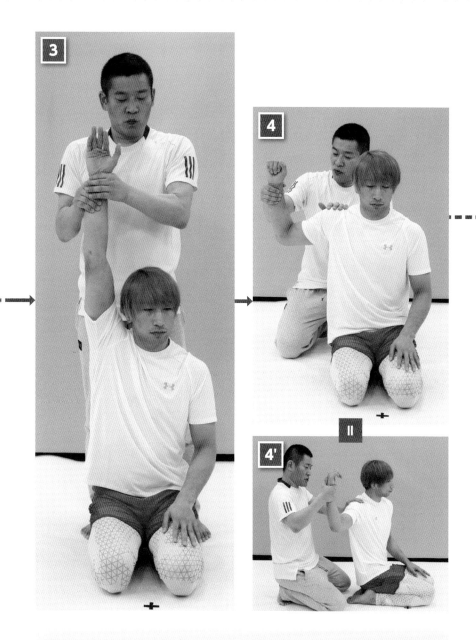

3続いて、両手で片腕の手首を持って牽引する。**4**大胸筋のストレッチ。左手で肩を持ち、右手で右手首を持って、肩を前方へ押し、手首を後方へ引く力を加えて大胸筋をストレッチする。肩関節に脱臼癖がないか、コミュニケーションを取って確認し、そのような障害のある人は注意深く行うか、この項目をパスするようにしよう。

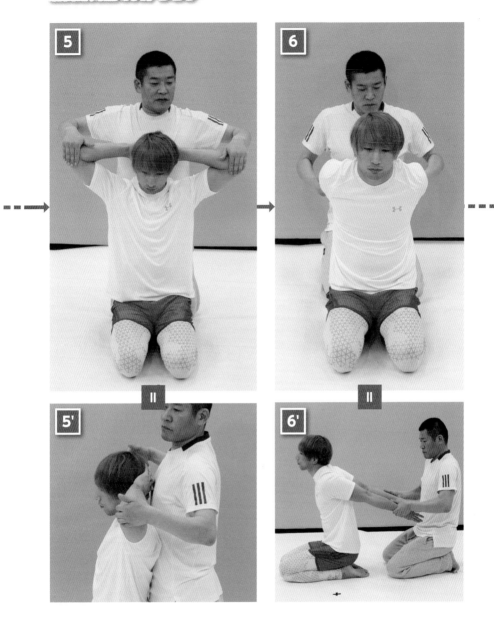

5 頭の後ろで両手を組んで、肘を後ろに引き、胸を開く。施術者は腹、もしくは立てた膝で相手の背中を前方へ押す。6 続いて、親指が地面を向く状態で両手を後方へ、なるべく水平に伸ばして、手のひら同士を近づける(柔軟性の高い被施術者であれば、手のひら同士をくっつける)。

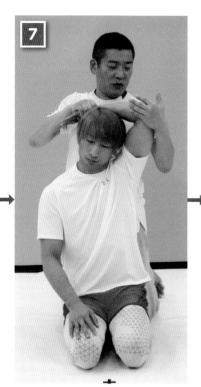

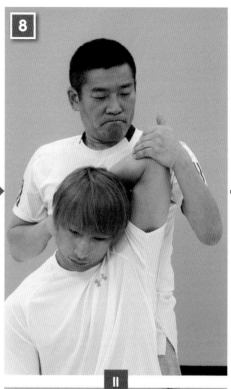

続いて、上腕三頭筋ストレッチ。被施術者の左肘を左手で、左手首を右手で持って（**7**）、手首を下げ、肘を引き上げ、頭の真後ろへと近づける（**8**＝**8'**）。

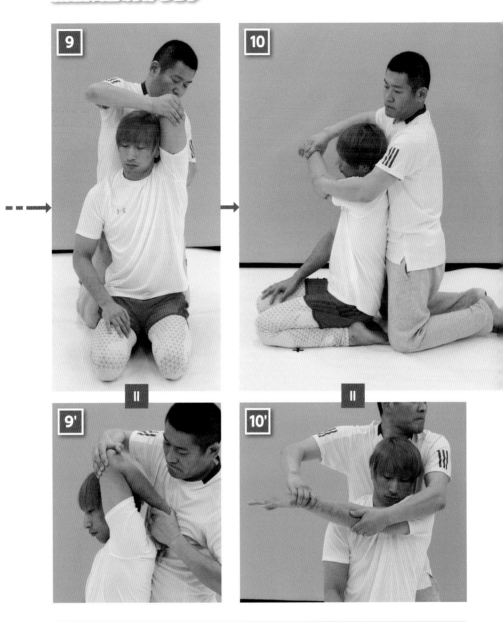

次に、ひねりを加えて肘を後方に引く。ストレッチのターゲットとなる部位は上腕三頭筋か
ら棘下筋、肩甲下筋、小円筋へと変化する（**9**＝**9'**）。そして、相手の左腕に対し、右手で手首、
左手で肘を持ち、胸の前で腕を水平に伸ばす。体幹が回旋しないように腹を相手の背中につ
けておく（**10**）。これも上腕三頭筋のストレッチだが、肘をしっかり持って手首のほうに牽引

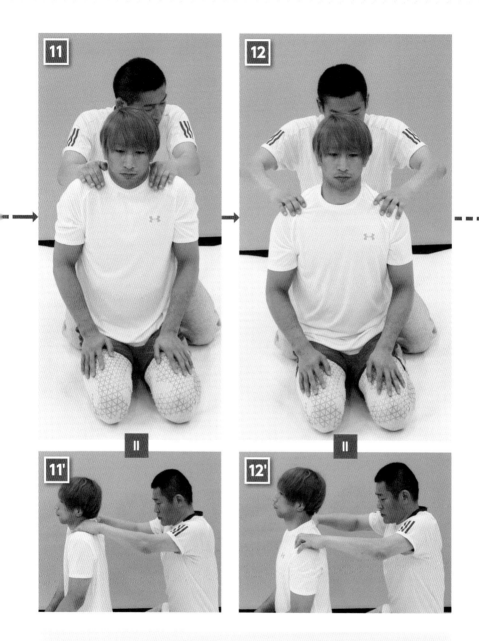

を加えるのがポイント。このようにやり方を変えることで、上腕三頭筋だけでなく三角筋までストレッチする効果がある。**11** **12** いわゆるPNF（固有受容性神経筋促通法）を行う。被施術者は肩をすくめ（肩甲骨挙上）、施術者は上から押す。被施術者は、10秒間、抵抗した後にストンと肩を下に落とす。

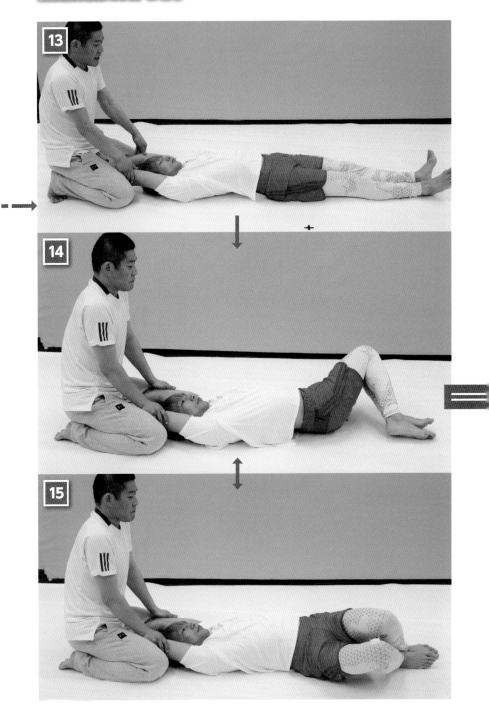

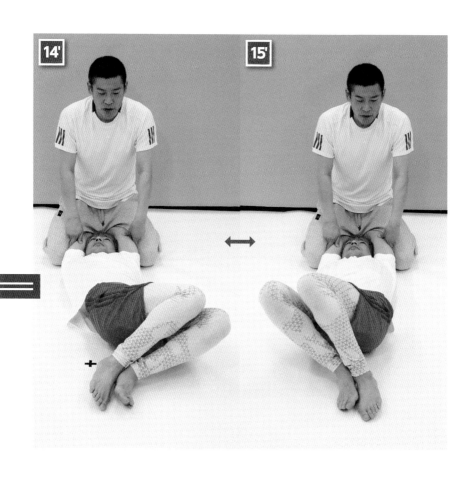

13 14 15 被施術者はあおむけになり、バンザイする。施術者は両脚の間にバンザイした腕を差し込み、肘を両手で床に押し込む。被施術者は両膝を立てて、左右に3回ずつ倒す。これも肩甲骨のストレッチだが、肩甲骨周りから腰周りまでダイナミックにストレッチすることができる（14'←→15'は角度を変えて見たところ）。

腰（体幹背面下部）のストレッチ

　今回ターゲットにしているのは、脊柱と体幹の筋肉です。まず、脊柱に関与する最大の筋肉は、脊柱起立筋です。脊柱起立筋は頸椎から骨盤にかけて、背骨に沿って走っている非常に細長い筋肉です。この筋肉は1つの筋肉で構成されているわけではなく、大小さまざまな筋肉をまとめた「棘筋」「腸肋筋」「最長筋」という3つの部位で構成されています。脊柱起立筋は上下に非常に長い筋肉で、人間が2足歩行で生活する以上、ほぼすべての動きに関わっています。

　次に、体幹部の腰方形筋。腰方形筋は体幹の深層にあり、腰椎と骨盤に左右対称に付着しています（図参照）。腰方形筋の作用としては、身体を横に倒すこと、身体をひねること、上半身を反らすこと（例えば荷物を持ち上げるときの体勢をとること）で、日常生活でも非常によく使う筋肉です。

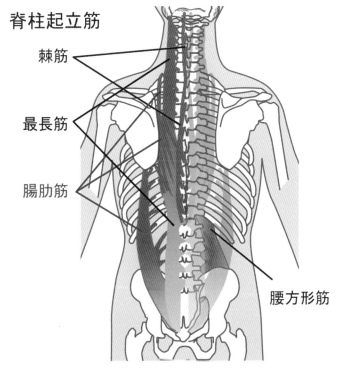

脊柱起立筋

棘筋

最長筋

腸肋筋

腰方形筋

図　脊柱起立筋と腰方形筋を背中側から見たところ

横から見た動き

QRコードをスマートフォンやパソコン付属カメラなどで読み取り、YouTubeにアクセスしてください。

正面から見た動き

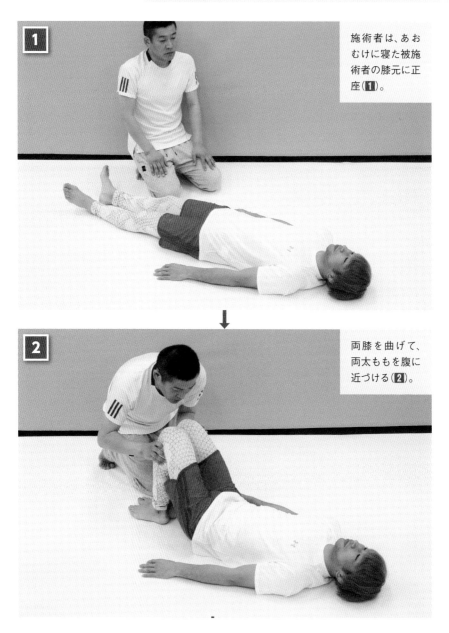

1 施術者は、あおむけに寝た被施術者の膝元に正座（**1**）。

2 両膝を曲げて、両太ももを腹に近づける（**2**）。

87

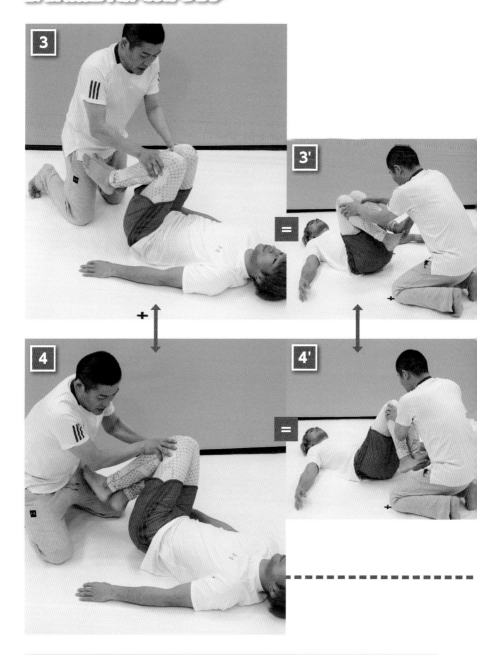

被施術者に緊張が感じられる場合は、リラックスさせるために、両膝を持ったまま、膝で円を描くように右回りに3回、左回りに3回、ゆっくりと回す（**3**↔**4**）。

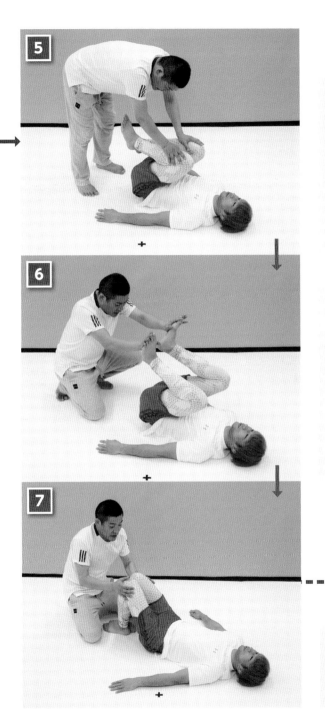

立ち上がって、肘を伸ばし、膝下を重力方向に押して、さらに膝と腹とを近づける（**5**）。この体勢で20秒間ほど静止する。その際に、リラックス度を維持するため、ゆっくりと鼻から息を吸い、口から吐くように促す。

次に、足の裏を水平方向に押し込んで、膝を頭部に近づける（**6**）。両膝は少し離れた状態でよい。背中が丸まり、尻は多少床から離れる形になるが、上がりすぎないように心がける。20秒間をめどに静止し、腰背部（脊柱起立筋）を伸ばす。

両足の裏を床につけて、施術者は両手で被施術者の両膝を挟みつける（**7**）。

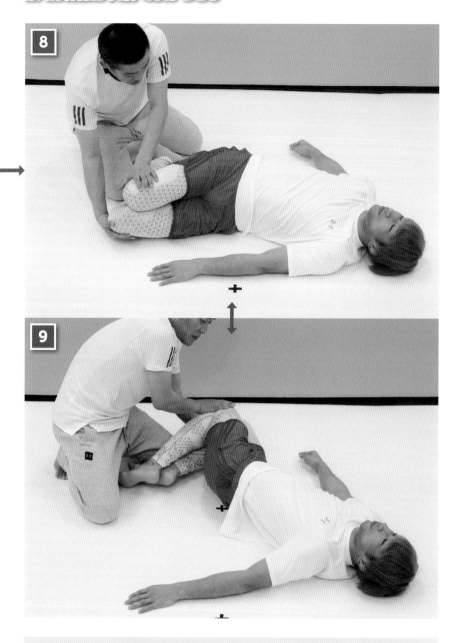

両膝を左右に倒す（**8** **9**）。被施術者は、自身の手と膝とがぶつからないよう、手幅は広く取っておく。床に左右の膝をつける動きをゆっくりと数セット。被施術者は、両肩を浮かさないように意識する。主に、腰方形筋をターゲットとしたストレッチである。

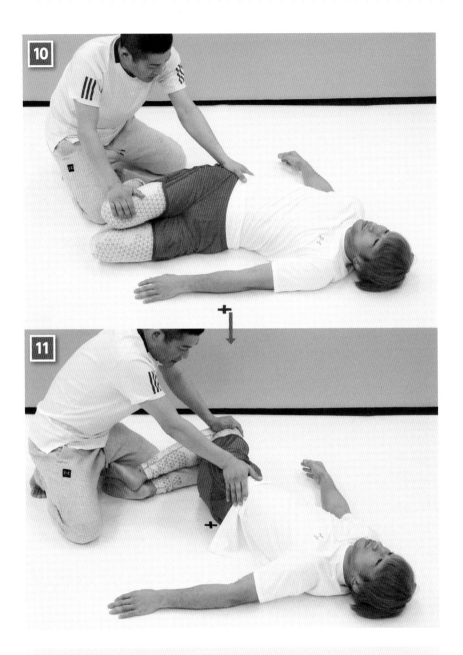

次に、左膝が床につくまで倒し切ったところで、右手は相手の右膝の外側、左手は相手の骨盤右端を押さえて、10秒間静止(**10**)。逆も同様に行う(**11**)。このストレッチでは左膝を床につければ右側の、逆の動きで左側の腰方形筋がストレッチされる。

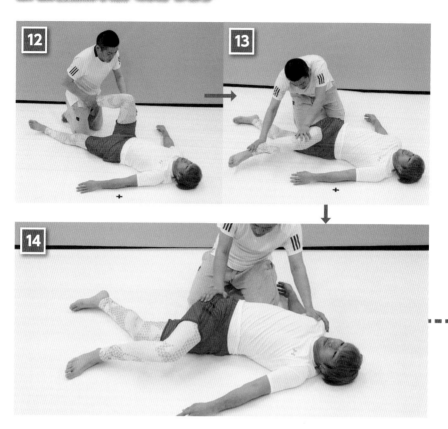

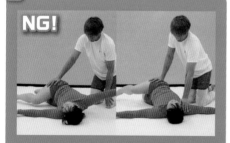

肩を押さえずに膝をマットに近づけても、肩が浮いてしまう（左写真）。このような代償動作を伴って膝をマットに近づけるより、膝の位置の移動が小さくなったとしても、ターゲットとする筋の両端をしっかりと遠ざけたほうがよい（右写真）。

左膝を伸ばし、右膝を曲げた状態で体幹を回旋する（12 13）。右手は尻を、左手は相手の右肩を押し、肩が浮くことを抑制する（14）。右手は水平方向前方へ押し込み、痛みが生じない位置で20秒間をめどに静止（腰痛を抱えている被施術者に対しては、このストレッチ自体を施さないようにする）。被施術者の腕が膝と接触する位置にある場合は、あらかじめ手首を持って、腕を上方に移動しておくとよい。被施術者は、鼻から息を吸って口から吐く呼吸を維持する。このストレッチでは脊柱起立筋、腰方形筋の双方に及ぶ広い範囲を伸ばすことができる。

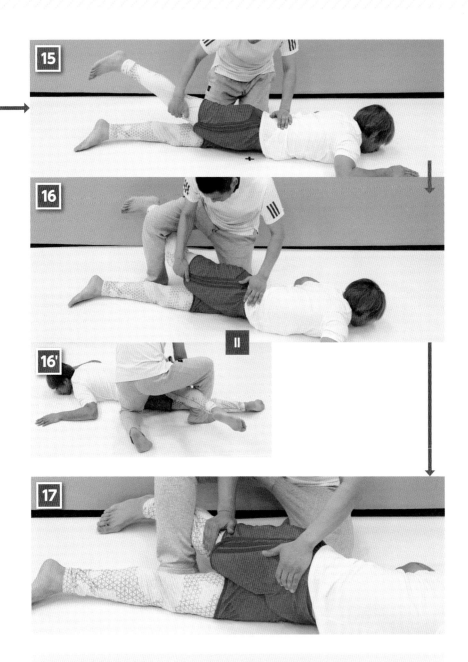

最後に、被施術者はうつぶせになり、施術者は被施術者の右脚を手前に引いて（**15**）、両脚の間に自分の右足を入れてストッパーとする（**16**＝**16'**）。左手は腰を、右手は太ももを支えて、左手で骨盤を手前に引き、腰と腹の横側（腹斜筋）のストレッチを20秒間ほどかける（**17**）。

首関節周囲のストレッチ

頸部の筋肉のうち、頭部の屈曲に大きく関与する屈筋群は3つの筋肉（頭長筋、前頭直筋、外側頭直筋）から成り、頸部前面に位置し、外側頭直筋は頸椎を側屈させ、それに加えて、環椎後頭関節の安定性において前頭直筋を補助します。頸部の筋肉のうち、頭部の伸展に大きく関与する伸筋群は、大・小後頭直筋、上頭斜筋、頭半棘筋から成り、頸部後面に位置します。上頭斜筋は頸椎の側屈において外側頭直筋を補助する働きもします。また、伸展の他に、大後頭直筋は頸椎を同側へ回旋させ、頭半棘筋は頸椎を反対側へ回旋させます。加えて、胸鎖乳突筋と板状筋といった大きな筋肉も、頸椎の動きに関与しています（イラスト参照）。一日に何時間もスマートフォンやパソコンの画面と向かい合い、キーボードを操作することが当たり前のこの時代、うつむいた状態……つまり重い頭部を支えるために頸部の筋肉が緊張した状態を維持した結果、首周りが凝り固まっている人が多いです。そこで、引き伸ばす（牽引する）動作を加えながら、ストレッチを行っていきます。

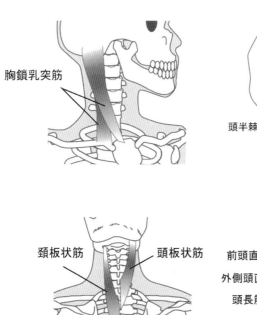

胸鎖乳突筋

頸板状筋　　頭板状筋

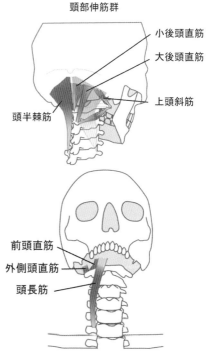

頸部伸筋群

小後頭直筋
大後頭直筋
上頭斜筋
頭半棘筋

前頭直筋
外側頭直筋
頭長筋

QRコードをスマートフォンやパソコン付属カメラなどで読み取り、YouTubeにアクセスしてください。

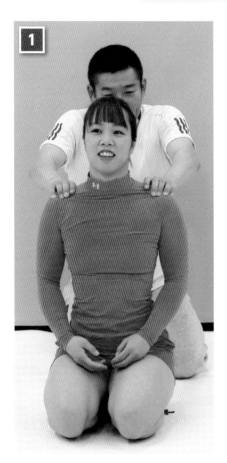

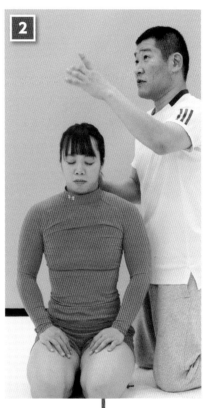

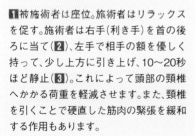

1被施術者は座位。施術者はリラックスを促す。施術者は右手（利き手）を首の後ろに当て（**2**）、左手で相手の額を優しく持って、少し上方に引き上げ、10〜20秒ほど静止（**3**）。これによって頭部の頸椎へかかる荷重を軽減させます。また、頸椎を引くことで硬直した筋肉の緊張を緩和する作用もあります。

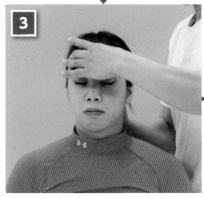

首関節周囲のストレッチ

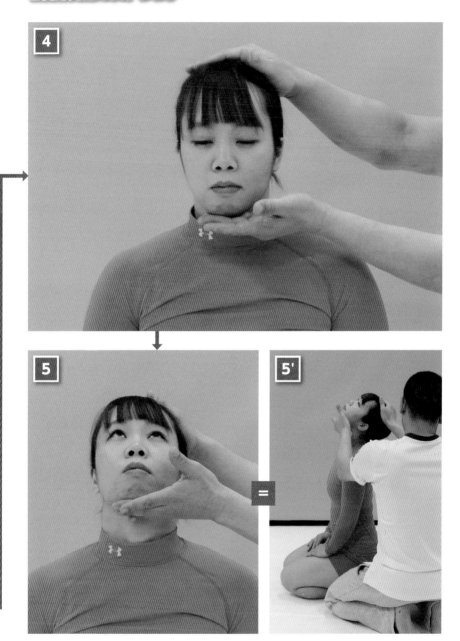

　次に　右手（利き手）を後頭部上部、左手をアゴ下に添え（**4**）、顔が天を向くように顎を上げる（**5**＝**5'**）。頸椎を伸展させることで胸鎖乳突筋をストレッチすることが出来ます。

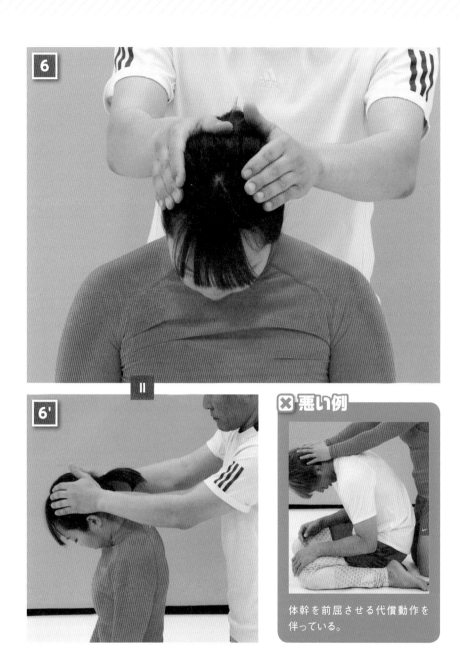

✕ 悪い例

体幹を前屈させる代償動作を伴っている。

続いて、後方から、両手で左右から頭部を包み、前方へ倒す（**6**＝**6'**）。被施術者は背中を丸めず、胸を張ったまま、頸椎だけを屈曲させ、顔を下に向ける。頭部と頸椎を屈曲させることによって板状筋をストレッチすることが出来ます。

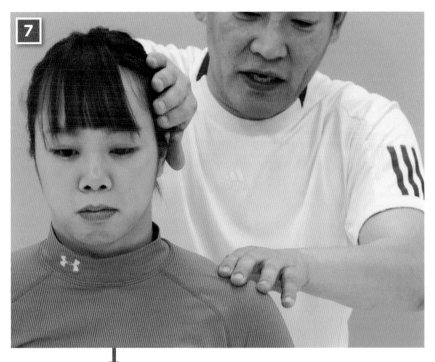

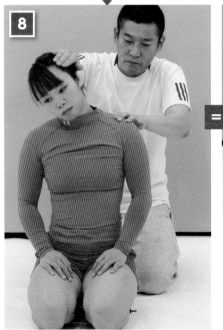

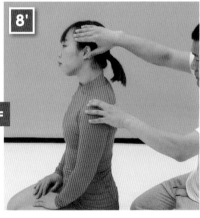

続いて、左肩肩峰に左手を掛け、左斜め下に引くようにしつつ、右手で左側頭部を押し（**7**）、頭部を側屈させる（**8**=**8'**）。胸鎖乳突筋をストレッチすることが出来ます。

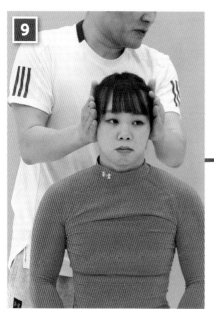

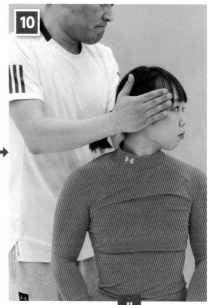

▼体幹ごと回旋した
り、側屈する代償動作
を起こしている。

▲眼に指先が掛かってい
る。顔には、眼や鼻、唇な
ど、感覚が敏感な器官が
集中しているので、そう
いったデリケートな部位
に触れてはいけない。

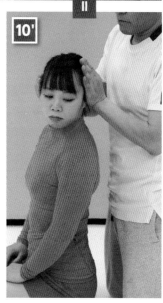

さらに、両手で側頭部を包み（9）、被施術者の顔を側方に向ける（10＝10'）。頸椎回旋の動き
に関与する胸鎖乳突筋と板状筋をストレッチすることが出来ます。この際、身体ごと回旋す
る代償動作を伴わないよう、被施術者は、肩の位置を動かさないことを心掛ける。

首関節周囲のストレッチ

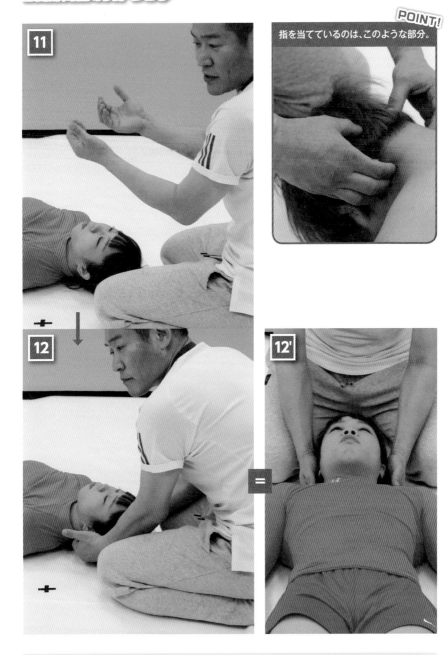

POINT!

指を当てているのは、このような部分。

施術者は、仰向けに寝た被施術者の頭側に正座。首の付け根に両手の四指を引っ掛け、上方へ10秒ほど牽引（11→12＝12'）。

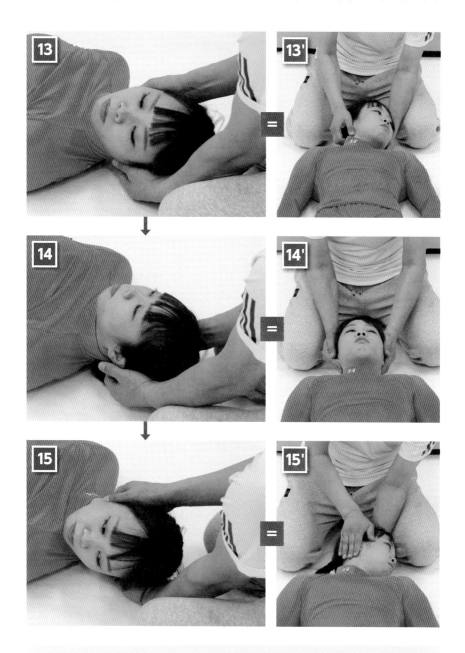

次に側方へ少し顔を向けた（頸椎を回旋させた）状態（**13**＝**13'**）で同様に牽引、元の状態（顔が天を向いた状態）に戻しもう一度牽引し（**14**＝**14'**）、最後に、痛みなくできるめいっぱいのところまで頸椎を回旋し（**15**＝**15'**）、その状態で10秒静止する。

下肢（ふくらはぎ〜足首）のストレッチ

　下肢（ふくらはぎ〜足首）は、下腿の前方にある筋肉は背屈筋群で、後方にあるのは底屈筋群です。特に腓腹筋の内側頭と外側頭およびヒラメ筋は合わせて下腿三頭筋と呼ばれます。また、足を外反させる筋群はほとんどが下腿外側に、内反させる筋肉は下腿内側にあります。

　下腿はそれぞれが特定の筋肉を含む4つの区画（コンパートメント）に分けられます。それぞれのコンパートメントをしっかりと分け隔てているのは、静脈還流（※）を促進したり運動中に筋肉が過度に膨らまないようにする密な筋膜です。

　前方部コンパートメントは前脛骨筋、長趾伸筋、長母指伸筋、第3腓骨筋から成り立つ背屈筋群を含んでいます。外側部コンパートメントは2つの外反筋（長腓骨筋と短腓骨筋）を含みます。後方は深部コンパートメントと浅部コンパートメントに分けられます。

　後方深部コンパートメントは長趾屈筋、長母指屈筋、膝窩筋および後脛骨筋から構成され、腓腹筋、ヒラメ筋、足底筋は後方浅部コンパートメントにあります。後方深部コンパートメントの筋肉は、膝窩筋を除いて底屈筋であり、内反筋としても機能します。

　足底筋は最低限の足関節底屈に関与する退化した二関節筋です。

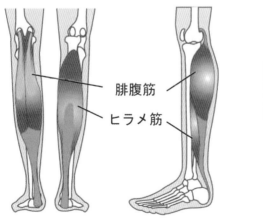

腓腹筋
ヒラメ筋

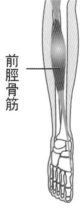

前脛骨筋

※静脈還流…全身から心臓に返ってくる血液の流れ。

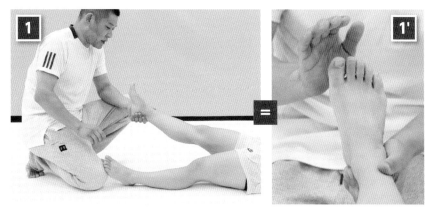

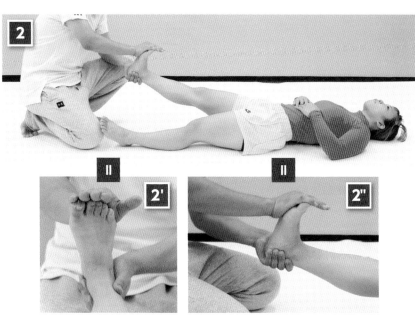

被施術者は仰向けに寝る。施術者は足の下側に正座して、左手で被施術者の右足踵を持って、足を持ち上げ（**1**=**1'**）、右手掌で足の指を反らせつつ、足首を足の甲側に曲げ（足関節背屈、**2**=**2'**=**2"**）20秒キープ。腓腹筋のストレッチ。

103

下肢（ふくらはぎ〜足首）のストレッチ

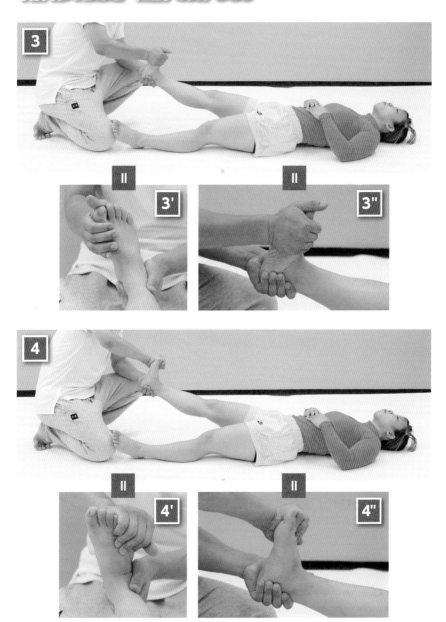

次に親指の内側に四指を掛け、内側をメインに足首を足の甲側に曲げる（**3**=**3'**=**3"**）。続いて、小指の外側に四指を掛け、外側をメインに足首を足の甲側に曲げる（**4**=**4'**=**4"**）。真っすぐ押す、内側をストレッチ、外側をストレッチ……と、まんべんなく行う。

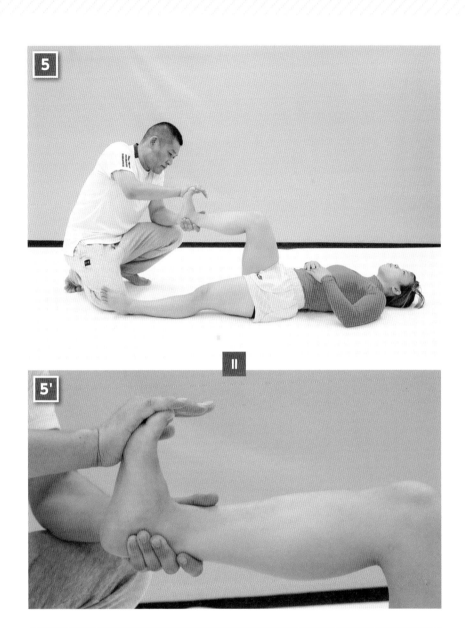

膝を曲げた状態をつくり、再び、真っすぐに右手掌で足の指を反らせつつ、足首を足の甲側に曲げ20秒キープ（足関節背屈、**5**=**5'**）。下肢の表層側に大腿骨を起始とする腓腹筋、深部に脛骨を起始とするヒラメ筋があり（腓腹筋とヒラメ筋は合流してアキレス腱となって踵骨に停止）、膝関節を伸ばして足関節を背屈させれば二関節である腓腹筋のストレッチ、膝関節を曲げて足関節を背屈させれば単関節筋であるヒラメ筋のストレッチとなる。

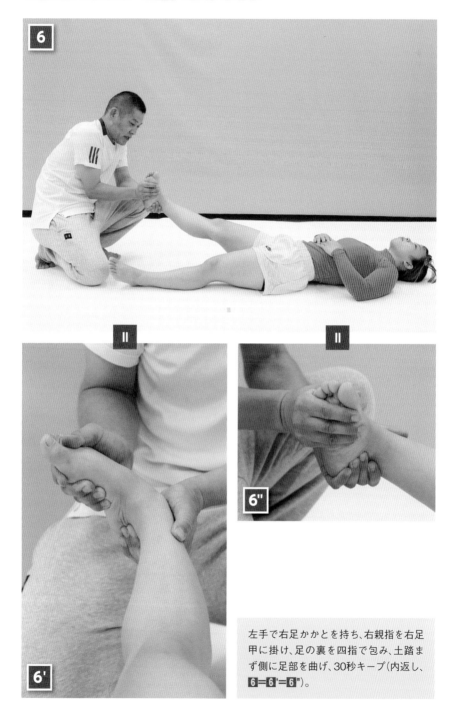

左手で右足かかとを持ち、右親指を右足甲に掛け、足の裏を四指で包み、土踏まず側に足部を曲げ、30秒キープ（内返し、**6**＝**6'**＝**6"**）。

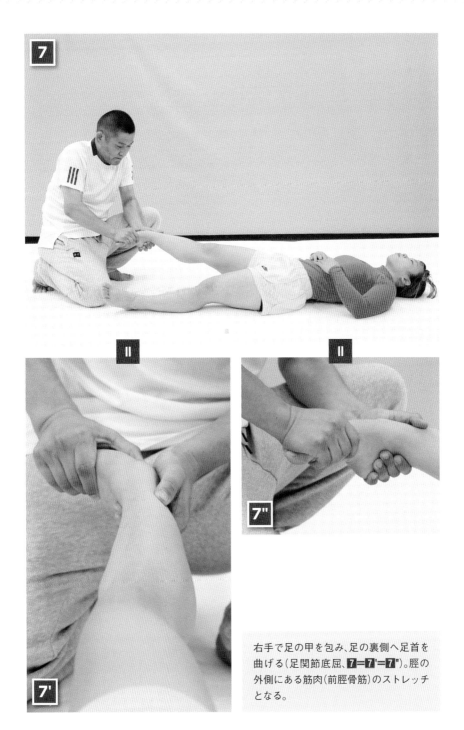

右手で足の甲を包み、足の裏側へ足首を曲げる（足関節底屈、**7**=**7'**=**7"**）。脛の外側にある筋肉（前脛骨筋）のストレッチとなる。

下肢（ふくらはぎ～足首）のストレッチ

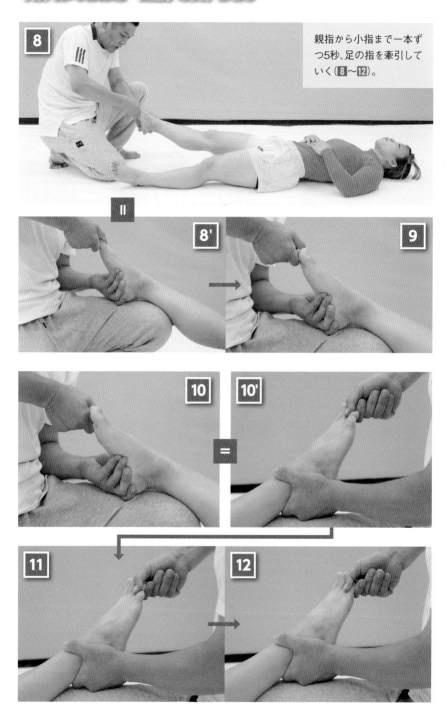

親指から小指まで一本ず
つ5秒、足の指を牽引して
いく（8〜12）。

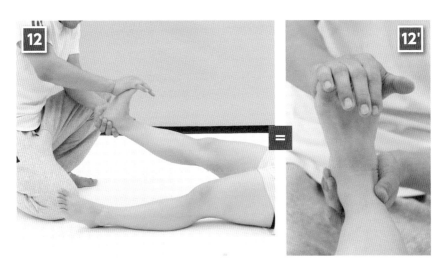

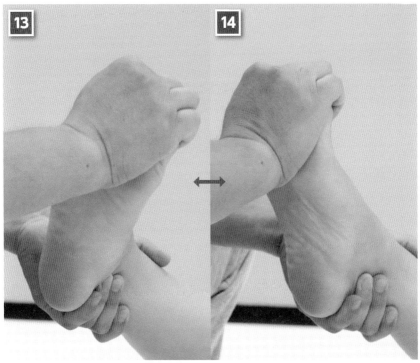

左手で踵をカップし（12＝12'）、右手で五足を反らせた状態をつくり、指先が円を描くように、
外回し5回、内回し5回（13←→14）。

下肢（ふくらはぎ〜足首）のストレッチ

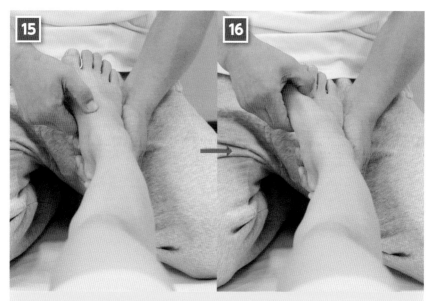

足の甲側の親指と人差し指の間を足首寄りのポイント、指寄りのポイント……と位置をスライドさせて揉む（15→16）。

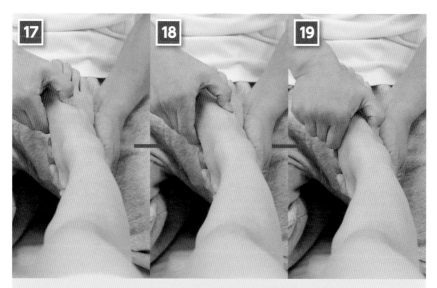

同様に、人差し指と中指の間、中指と薬指の間、薬指と小指の間……の順に指と指の間を揉んでいく（17→18）。両手で足部の土踏まず側、外側を包み、外側に開くように力を加える（19）。

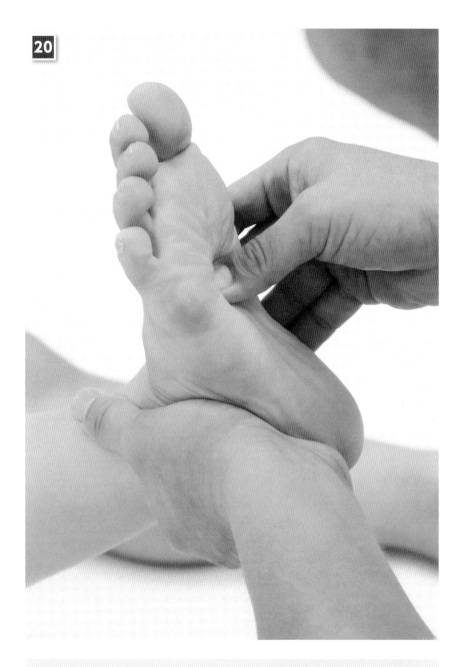

左手で相手のかかとをカップし、足の裏を右手親指で押す（⑳）。最後にもう一度、腓腹筋の
ストレッチ（写真❷）を行う

上肢（手掌〜前腕）のストレッチ

手関節（手首）と手の指の動きに関与する外在性の筋肉はその機能と位置によって分類できます。まず、手の指を動かさずに手首だけを動かす6つの筋肉があります。これら6つの筋肉のうち手首を屈曲させる筋肉のグループには、橈側手根屈筋、尺側手根屈筋、および長掌筋の3つがあります。他の3つは長橈側手根伸筋、短橈側手根伸筋、および尺側手根伸筋で、これらは手首を伸展するグループです。

これ以外の9つの筋肉は手の指を動かす筋肉で、これらの筋肉は腱は手首を通過するので力が弱いながらも手首の動きに関与します。浅指屈筋と深指屈筋は指を屈曲させる筋肉ですが、長母指屈筋と同様に手首の屈曲にも関与します。指伸筋、示指伸筋および少指伸筋は手首を伸展させる筋肉ですが、長母指伸筋および短母指伸筋と同様に手首の伸展を助けます。

手関節屈筋群

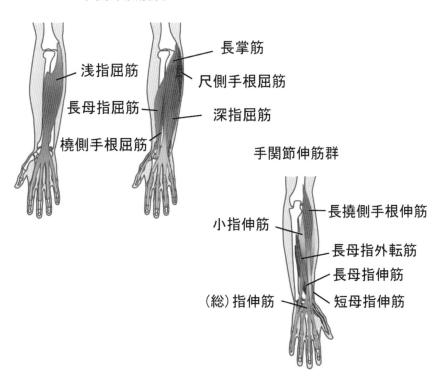

浅指屈筋
長母指屈筋
橈側手根屈筋

長掌筋
尺側手根屈筋
深指屈筋

手関節伸筋群

小指伸筋
（総）指伸筋

長橈側手根伸筋
長母指外転筋
長母指伸筋
短母指伸筋

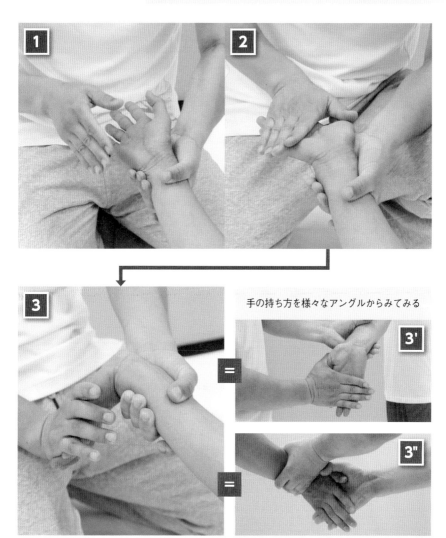

手の持ち方を様々なアングルからみてみる

被施術者は仰向けに寝る。施術者は左手で被施術者の右肘を伸ばした状態で右手首を持ち（**1**）、右手を右掌に当てて押し込み（**2**）、手首を反らせた（手関節背屈＝伸展）状態で20秒ほど維持する（**3**＝**3'**＝**3"**）。前腕にある手関節屈筋群のストレッチ。

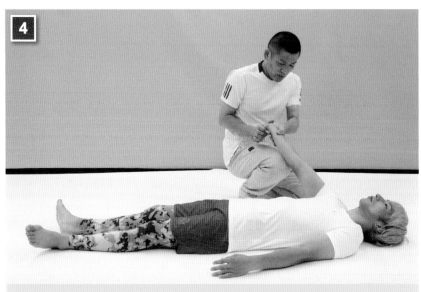

被施術者の前腕の下に膝をあてがい、肘を伸展した状態で固定する（**4**）と、ストレッチを掛けやすくなる。痛みのない範囲で維持できるよう「痛みはないですか？」「大丈夫です」といったコミュニケーションを随時、取ること。

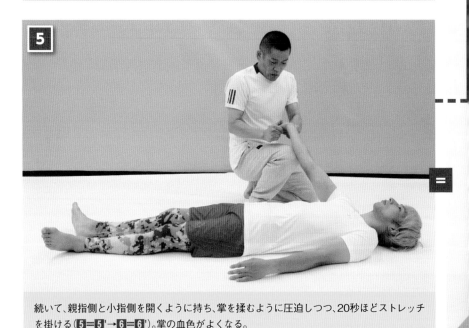

続いて、親指側と小指側を開くように持ち、掌を揉むように圧迫しつつ、20秒ほどストレッチを掛ける（**5**＝**5**'→**6**＝**6**'）。掌の血色がよくなる。

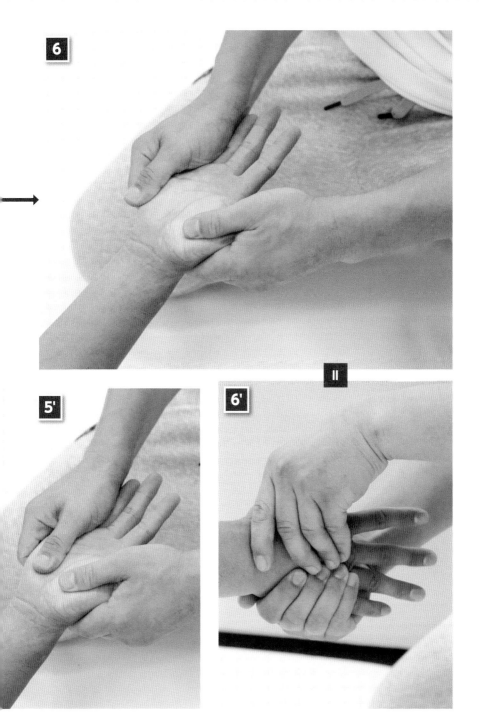

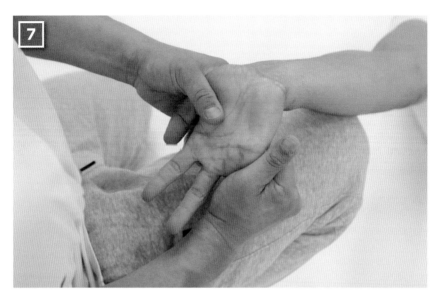

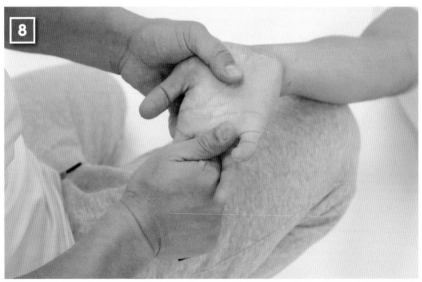

小指と薬指だけを握り、同様に外側に反らせる。小指側の前腕の腱が伸びます（**7**）。中指と
人差し指だけを握り、同様に外側に反らせる（**8**）。親指側の前腕の腱が伸びます（小指と薬
指、人差し指と中指に分けて伸ばすことで浅指屈筋を個別に伸ばすことができる）。もう1度、
親指側と小指側を開くように持ち、掌を揉むように圧迫しつつ、ストレッチを掛ける（**5**〜**6**
の作業）。

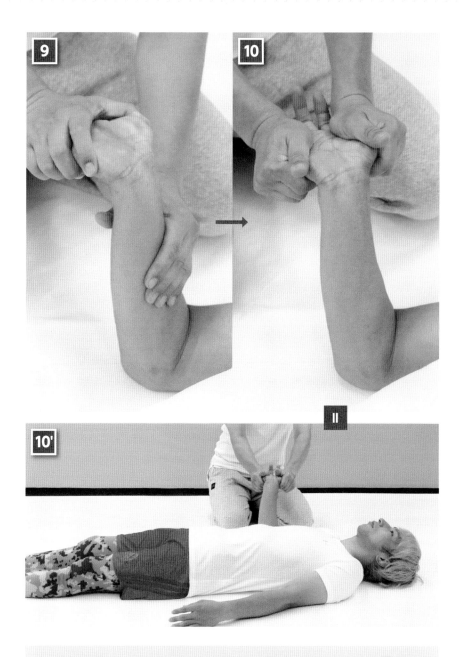

次に肘を床に置いて固定し、肘を曲げた状態で、同様に手首を反らすストレッチ（**9**）20秒ほどと、掌を開くストレッチ（**10**＝**10'**）を行う。肘を曲げることによって、前腕にある手関節屈筋群のストレッチ度はより高まる。

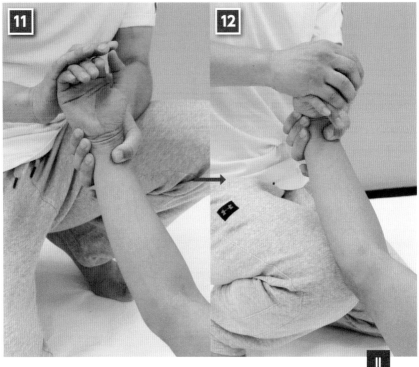

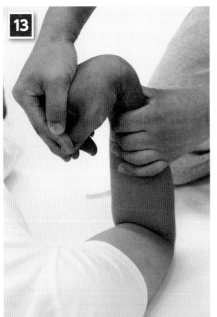

続いて、前腕にある手関節伸筋群のストレッチ。施術者は左手で被施術者の右手首を持ち、右手で手の甲を包み、指を丸め込むようにして、手首を曲げる（手関節掌屈＝屈曲、**11**）。膝を使って肘を伸ばした状態（**12**＝**12'**）と、床に肘を押し付けて曲げた状態（**13**）、それぞれ20秒ほど行う。ヒジを床に押し付けた方が固定しやすさは増す。

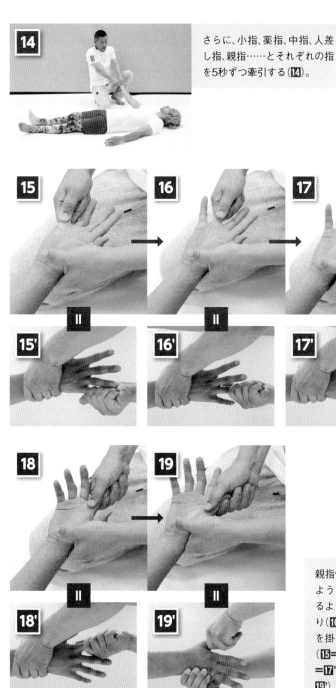

さらに、小指、薬指、中指、人差し指、親指……とそれぞれの指を5秒ずつ牽引する（**14**）。

親指側と小指側を開くように持ち、肘が伸びるように両手で引っ張り（**16**）、腕全体に牽引を掛け、さらに揺する。（**15**＝**15'**→**16**＝**16'**→**17**＝**17'**→**18**＝**18'**→**19**＝**19'**）

体幹前面（胸部・脇腹）のストレッチ

　体幹前面（胸部・脇腹）の筋肉はほとんどすべてが呼吸に関与します。安静時の呼吸は横隔膜の収縮によってなされます。横隔膜が収縮して下降すると、胸郭の容量が増加し、外気圧と均等化するために空気が吸い込まれます。さらに運動中のように大量の空気が必要な場合は胸郭にある他の筋肉が呼吸を助けます。

　斜角筋は第1と第2肋骨を挙上し胸郭容量を増大させます。また、外肋間筋によって胸郭はさらに拡張します。その他の呼気筋として、肋骨挙筋と後挙筋があげられます。反対に、内肋間筋、胸横筋および肋下筋の収縮によって強い呼気が生まれます。

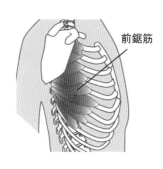

前鋸筋

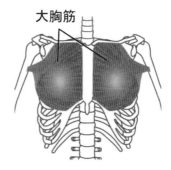

大胸筋

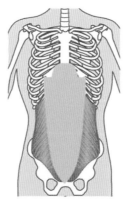

内腹斜筋

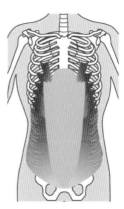

外腹斜筋

※イラスト　体幹前面（胸部・脇腹）の筋肉を正面側からみたところ

被施術者は正座し、施術者はその背後に、膝を着き、股関節は伸展した状態で位置取ります（**1**）。被施術者は後頭部で両手を組み、施術者は両肘の前側に掌を当て、後方に引き20秒ほどキープ（**2**=**2'**）。施術者は被施術者の体幹が後傾したりせぬよう、腹部を背にあてがう。胸郭が開き、大胸筋のストレッチとなる。

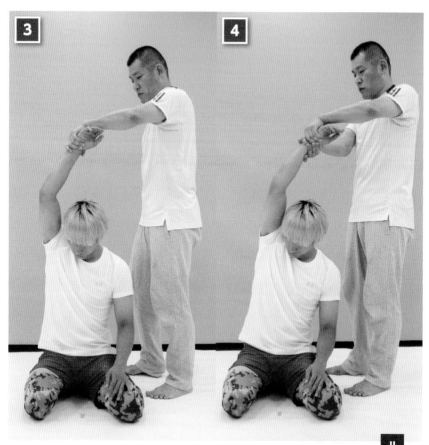

施術者は右手で被施術者の右手首を持って持ち上げる（**3**）。立位となり、左手に渡して、相手の左体側側に回り込んでから、右手でも被施術者の手首を持ち、手前に引く（**4**=**4'**）。この段階では、上方向への牽引をメインに意識する。牽引によって上腕骨と肩甲骨の距離を開きつつ、前鋸筋〜肋骨筋さらに脇腹の筋肉をストレッチする。

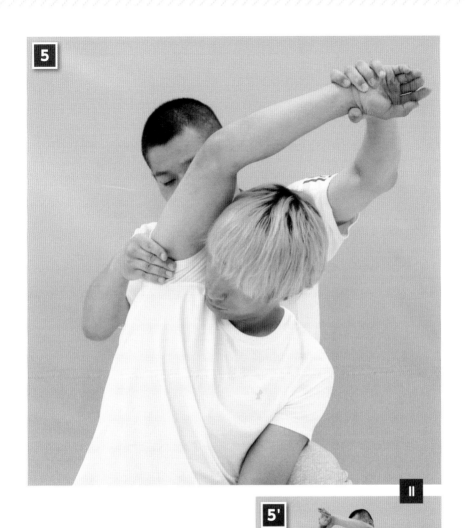

5

5'

続いて、被施術者は再び腰を落とし、左手で側方に腕を引き、右手は脇の下を押す（**5**＝**5'**）。左膝は相手の左腕外側から左体側下部を支えることで、右体側（内外腹斜筋）がストレッチされる。

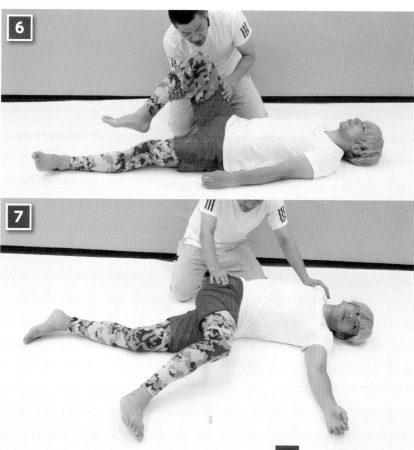

被施術者は仰向けとなり、施術者は右膝を掬い（**6**）、伸ばした左脚の上を交差し、床に近づける。右手で被施術者の右腰を前方へ押し、左手で右肩を手前に引くかたちとなる（**7**=**7'**）。かたちとしては92ページの脊柱起立筋のストレッチと同じだが、体幹前面の脇腹も伸びるので、内外腹斜筋などのストレッチを目的とする際にも、活用すべきフォームである。

第4章

柔軟性向上のための
セルフトレーニング

ここからは、一人でできる柔軟性向上のためのトレーニング法を紹介していく。ターゲットとするのは、股関節と肩関節、胸椎（付随して胸郭全般）……つまり体幹。動的なストレッチ（ダイナミックストレッチ）を行うことで、複合的な動きの中でのフレキシビリティを養い、動作改善に繋げよう。ここに紹介するトレーニングに加え、一般的な静止して行うストレッチ（スタティックストレッチ）に取り組むと、なおよい。

1. 股関節の柔軟性を高めるトレーニング

①仰向けでの足上げ
（仰臥位での股関節屈曲）

仰向けに寝る。踵は床には着けない。頸部の筋が疲労せぬよう、頭部は浮かさず、脱力してマットに着けておくこと。両手を開いて

マットに着け、片膝を曲げて足の裏をマットに着けておくことで、体幹がグラつかず安定する。また、片膝を曲げておくことで、腰を反

126

ることを防げるため、腰痛の予防にもなる。

　膝を伸ばし気味に保ったまま、踵を床スレスレから、垂直方向まで、上げて、再び床スレスレまで戻す。10回をメドに。踵が股関節を中心とした円運動で、90度近くの角度、動くこととなる。股関節屈曲筋（腸腰筋など）の筋

力トレーニングでなく、股関節可動域を広げるためのトレーニングとしては、動作スピードなどはあまり気にせず、可動域いっぱいに動作域を取る。ただし、腰ごと床から浮かすようなチーティング（代償動作）が生じぬよう、気をつける。

②横向きでの足上げ
（横臥位での股関節外転）

横向きに寝る。両腕は、首や腕が疲労することなく、体幹が安定する位置に置く。上側の足を下になる足の後方に引く。

膝を伸ばし気味に保ったまま、踵を床スレスレから、垂直方向まで上げて、再び床スレスレまで戻す。10回をメドに。踵が股関節を中心とした円運動で、90度近くの角度、動くこととなる。踵は床には着けない。股関節外転の可動域を広げるトレーニング。

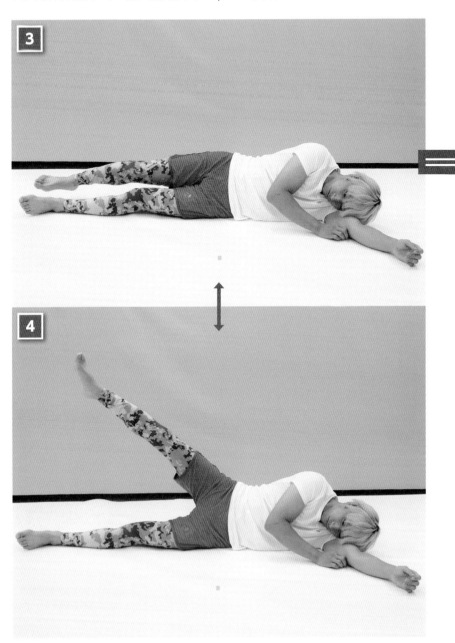

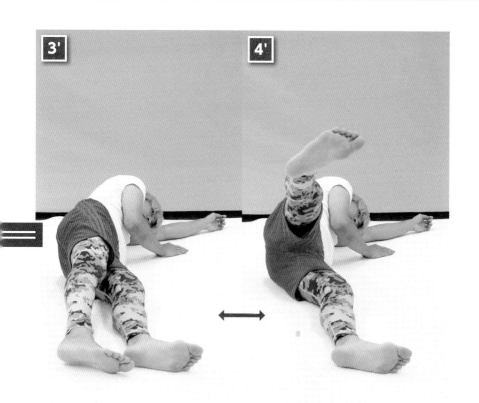

✕ 悪い例

つま先を上に向けた
り(写真)、上体・骨盤を
上向きに開いてしまう
と、前方へ脚を上げる
(股関節屈曲の)動作と
の差異が少なくなって
しまう。足を高く上げ
ようとするとつま先が
上に向きがちになるの
で、代償動作が生じな
いように心掛けよう。

③うつ伏せでの足上げ
（伏臥位での股関節伸展）

うつ伏せになって少し足幅を開いた状態から、股関節伸展の可動域めいっぱいまで足を上げ、再び床スレスレまで戻す。10回をメドに。

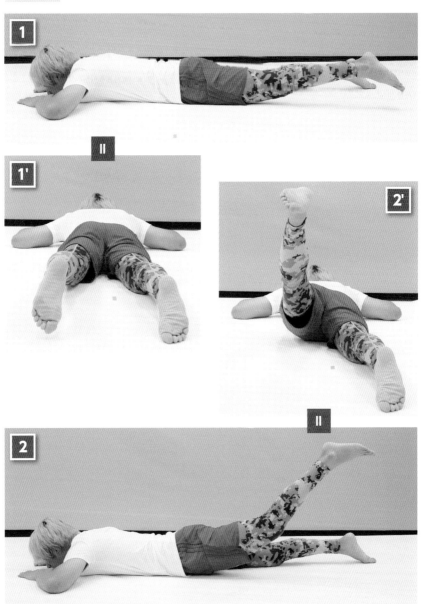

④横向きでの足振り
（横臥位での股関節屈曲⇔伸展）

横向きに寝て、上側の足を前後に振る。10回をメドに。頭の下に腕を枕のように置いて、首がリラックスした状態を保つ。股関節の屈曲～伸展を最大限に行うことが目的なので、「骨盤ごと動かすことで足先の動く範囲を稼ぐ」代償動作が生じぬよう気をつけよう。

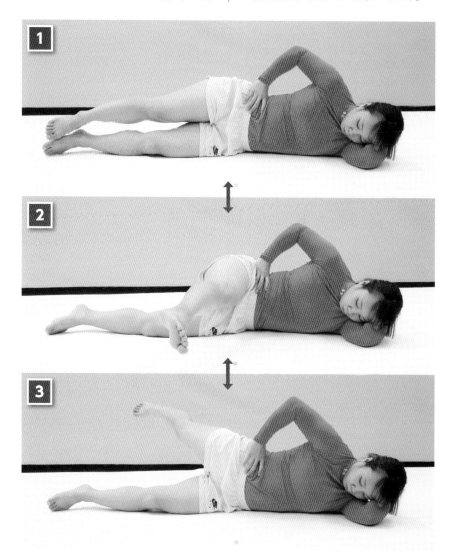

⑤横向きでの足回し
（横臥位での股関節回旋）

足先でなるべく大きく円を描く。時計回り、反時計回り、それぞれ10回ほど行う。股関節の屈曲・伸展、外旋・内旋、外転を複合的に連動させた動きとなる。

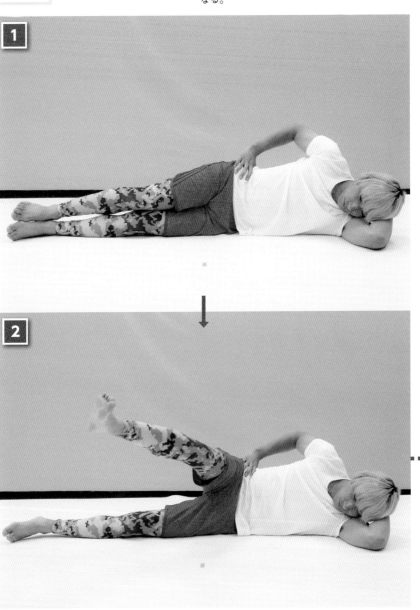

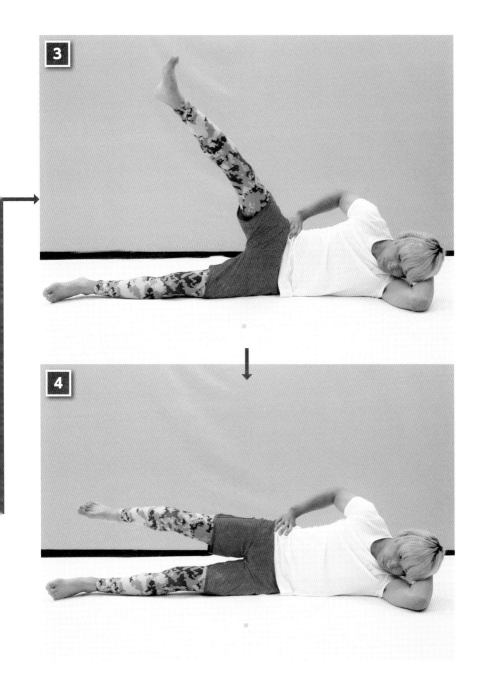

2.肩関節の柔軟性を高めるトレーニング

①肘を外に開く
(ウィンギングエクササイズ)

肘を90度に曲げ、胸の前で左右の前腕をくっつけた状態から胸を開く。肩甲骨を開く動き(外転)・寄せる動き(内転)の動作域を広げるトレーニング。10回行おう。

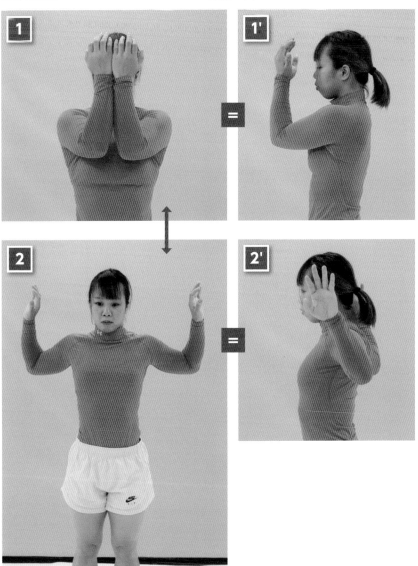

②バンザイした状態から肘を下方に引く
（ラットプルダウン）

バンザイした状態から肘を曲げながら垂直方向に前腕を下げる。肩甲骨自体を上げ下げする動き（挙上・下制）、肩甲骨の下側が外に開いたり閉じたりする動き（上方回旋・下方回旋）の動作域を広げるトレーニング。10回をメドに。腋の下の角度が90度より鋭角になるところまで、肘を引き切ろう。

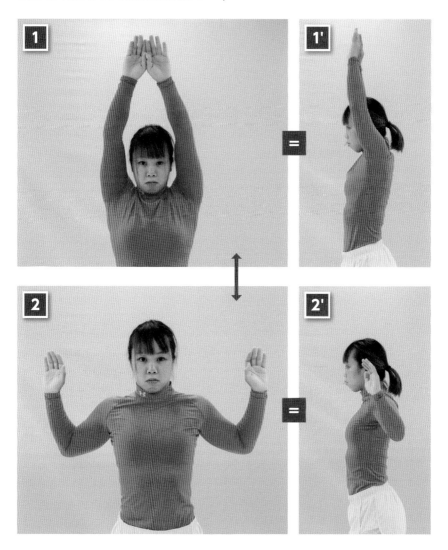

③「前へならえ」の状態から肘を手前に引く
（バーティカルプル）

「前にならえ」の体勢から、肘を後方に水平に引き寄せ、再び「前にならえ」の体勢に戻る。10回をメドに。肩甲骨が内転するかたちと

なる。無自覚に片側の肘が下がっているケースが多いので、鏡をみて、動きに左右差が生じていないか、確認→補正するとよい。

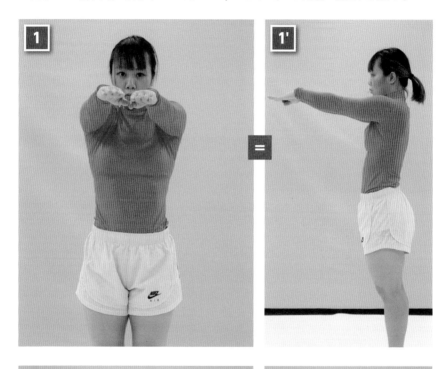

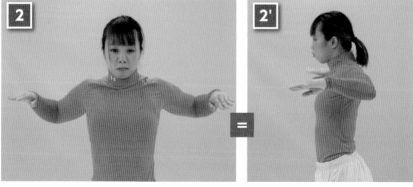

④肘を下方&手前に引く
（ミックス）

②と③を複合した動き。「前にならえ」の状態
から水平に肘を引いた後、肩関節を外旋さ

せ、指先を天に向け、垂直に前腕を伸ばして
いく。10回をメドに。

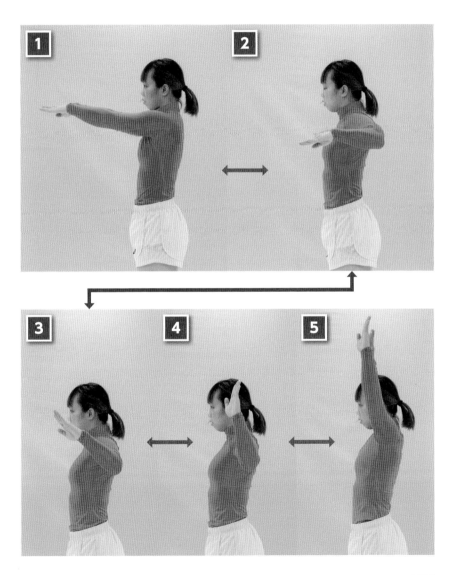

⑤指先を肩に着けて肘で円を描く
（シュラグ A）

指先を肩に着け、肘でなるべく大きな円を描くように、肩甲骨を動かす。肘を上げる際は肩甲骨自体を挙上し（＝肩をすくめる＝シュラッグ）、肘を下げる際は肩甲骨を下げよう（下制）。後ろ回し10回、前回し10回をメドに。

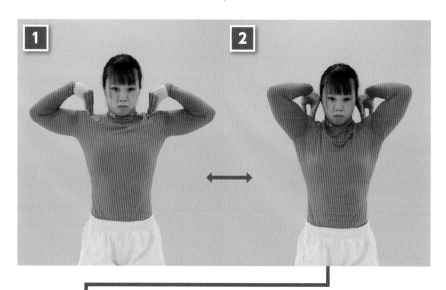

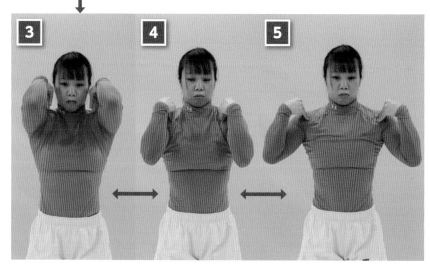

⑥腕を下に降ろした状態で肩で円を描く
（シュラグB）

脱力してストンと肩を落とした状態から、肩甲骨を開いて挙げる（外転＆挙上）、挙げたまま肩甲骨同士を近づける（内転＆挙上）、近づけたまま下げる（内転＆下制）、下げたまま肩甲骨同士を離す（外転＆下制）……と、横から

みると肩峰が楕円を描くように動かす。一方向に10周円を描いたら、逆回しでも10周するのがメド。⑤との意義の違いは肩甲帯の稼働をより要する点。

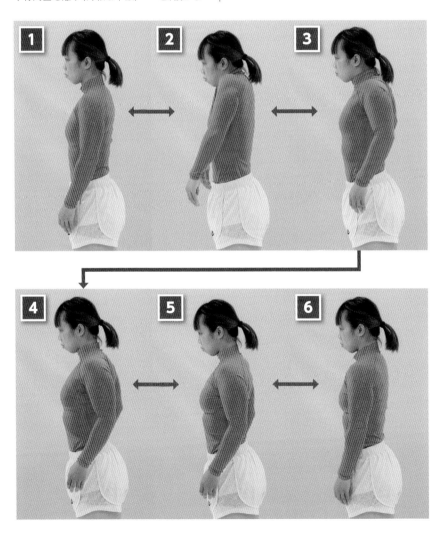

3.胸郭・胸椎の柔軟性を高めるトレーニング

①横向きに寝た状態での胸椎の回旋
（ソラシックローテーション　バリエーションA）

横向きに寝た状態で両膝を90度くらいに曲げ、両手を前方に伸ばし、上側の腕だけを背中側の床に近づけていく。可動域いっぱいまで動作したら、再び元の位置まで戻す。10回をメドに。体幹の回旋運動であり、胸椎回旋の動作改善が主目的となるが、副次的に脇腹（内外腹斜筋）や肩甲骨・胸郭まわり全般のストレッチともなる。なお、一般的に「腰を回す」と呼ぶ動作において主に回旋しているのは胸椎であり、腰椎（背骨の下の方）はあまり体幹回旋動作を担っていない。

②横向きに寝た状態での腕の回旋
（ソラシックローテーション　バリエーションB）

①同様の胸椎回旋の動作学習、大胸筋・内外腹斜筋などのストレッチを兼ねつつ、肩甲骨の複合的な動作にターゲットをスライドしたストレッチ。側方に広げた腕を上方に上げ、指先が円を描くように回旋動作を行い、元の体勢に戻る。10回をメドに。

③四つ這い状態で　体幹の回旋
（ソラシックローテーション　バリエーションC）

両手・両膝を床に着き、片手で後頭部を包み、体幹を可動域いっぱいに回旋する。最大限、肘を内に畳んだ状態から、最大限に外に　開いた状態までの反復を繰り返す。10回をメドに。

3 = 3'

✕ 悪い例

骨盤ごと開いてしまったり、頭を持ち上げたりしてしまう(写真)と、動作範囲は大きくなるが、ターゲットにアイソレートできなくなってしまう。頭や骨盤の位置は動かさず、体幹を回旋させるようにしよう。

家族とできる！　選手同士でできる！
全身パートナーストレッチ

2021 年 11 月 10 日　第 1 版第 1 刷発行

著　　者　小岩健一

発 行 人　池田哲雄
発 行 所　株式会社ベースボール・マガジン社
　　　　　〒 103-8482
　　　　　東京都中央区日本橋浜町 2-61-9　TIE 浜町ビル
　　　　　電　　話　03-5643-3930（販売部）
　　　　　　　　　　03-5643-3885（出版部）
　　　　　振替口座　00180-6-46620
　　　　　https://www.bbm-japan.com/

印刷・製本　共同印刷株式会社